Jacques Maritain

THE RIGHTS OF MAN AND NATURAL LAW

汉译世界学术名著丛书
（120年纪念版·珍藏本）
增订本出版说明

2017年10月，为纪念商务印书馆创立120周年，本馆推出“汉译世界学术名著丛书”（120年纪念版·珍藏本），计七百种。近五六年来，仰赖学界同人倾力支持，订正旧译，增补新译，拓展新著，积累日多。为满足读者需要，本馆在七百种的基础上，继续推出“汉译世界学术名著丛书”（120年纪念版·珍藏本·增订本）三百种。至此，“汉译世界学术名著丛书”累计出版已达千种。

今后，本馆将继续推进丛书的翻译出版工作，在积累单本名著的基础上陆续分辑刊行，汇印出版。为促进中外文明互鉴、推动我国学术发展，使“汉译世界学术名著丛书”这项对我国学术文化有基本建设意义的重大工程发挥更大作用，诚望海内外学术界、翻译界继续给予支持，帮助我们把这套丛书出得更好。

商务印书馆编辑部

2024年2月

汉译世界学术名著丛书
（120年纪念版·珍藏本）
出版说明

2017年2月11日，商务印书馆迎来120岁的生日。120年前，商务印书馆前贤怀揣文化救国的理想，抱持“昌明教育，开启民智”的使命，立足本土，放眼寰宇，以出版为津梁，沟通中西，为中国、为世界提供最富智慧的思想文化成果。无论世事白云苍狗，潮流左右激荡，甚至战火硝烟弥漫，始终践行学术报国之志，无改初心。

迻译世界各国学术名著，即其一端。早在20世纪初年便出版《原富》《天演论》等影响至今的代表性著作，1950年代后更致力于外国哲学和社会科学经典的译介，及至1980年代，辑为“汉译世界学术名著丛书”，汇涓为流，蔚为大观。丛书自1981年开始出版，历时三十余年，迄今已推出七百种，是我国现代出版史上规模最大、最为重要的学术翻译工程。

丛书所选之书，立场观点不囿于一派，学科领域不限于一门，皆为文明开启以来，各时代、各国家、各民族的思想与文化精粹，代表着人类已经到达过的精神境界。丛书系统译介世界学术经典，引领时代思想，为本土原创学术的发展提供丰富的文化滋养，为推动中国现代学术和现代化进程做出了突出的贡献。

为纪念商务印书馆成立120周年，我们整体推出“汉译世界学术名著丛书”120年纪念版的珍藏本，寄望既利于文化积累，又便于研读查考，同时向长期支持丛书出版的译者、编者和读者致以敬意。

两甲子后的今天，商务印书馆又站在了一个新的历史时间节点上。我们不仅要铭记先辈的身影和足迹，更须让我们的步伐充满新的时代精神。这是商务人代代相传的事业，更是与国家和民族的命运始终紧密相连的事业。我们责无旁贷，必须做好我们这代人的传承与创造，让我们的努力和成果不仅凝聚成民族文化的记忆，还能成为后来人可以接续的事业。唯此，才能不负前贤，无愧来者。

商务印书馆编辑部

2017年10月

目　录

一　一个由"拥有人格的人"所构成的社会

二　人的权利

一　一个由“拥有人格的人”[①]所构成的社会

这本小册子是一篇论述政治哲学的论文。鉴于这场使文明之命运变得岌岌可危的战争，以及鉴于在赢得战争之后所必然带来的和平，使得拥有一种正确且有着坚实基础的政治哲学变得尤为重要。我所要做的就是劝服那些阅读本书的人，澄清他们在以下

① 马里旦在“人”(human person)和“纯粹的人格者”(pure person)之间作了区分。这与其他一些世俗哲学家(诸如康德)在“人”(有限的理性存在者)和“理性存在者”之间所作之区分是相类似的。同时，这代表了他们有关人的基本看法。在马里旦看来，人是一个拥有人格的人，但他并不是一个纯粹的人格者，而是一个同时也拥有动物性的人格者。换言之，人介于纯粹的人格者和动物之间。在行文中，马里旦分别用了不同的词汇来表示其中的差异，有时用“man”，有时用“person”，有时用“human person”。译者根据情境分别作了不同的处理。在强调人的人格性或强调人的人格方面的时候，译者把其译为“拥有人格的人”，或译作“作为人格者的人”，而有时在没作如此之强调的时候，译文中则直接用“人”来表示。另外，在马里旦将两者作出对比的地方，译者则分别在中译名后加注了相应的英文以供识别。当然，“人格”这个概念有很强的神学背景，亦有学者将其译成“位格”。本译本为着重于政治哲学语境下所谈之人格和人格主义，采纳“人格”一词，但其背后之神学语境，诚望读者能将其默念于心中予以领会。——译者

这一根本性的政治哲学问题上的观念——亦即有关人(person)和社会(society)之间的关系以及有关人(human person)所拥有的权利的问题。

第1章　拥有人格的人

在此，我并不准备讨论此主题所预设的诸多哲学问题，特别是以下这样两个形而上学方面的问题：个体性(individuality)和人格性(personality)；在我们每个人身上，它们是两种不同的东西，它们在我们身上创造了两种相互冲突的吸引力。① 然而，最为核心的是要阐明人格(the person)这个观念，以便简要地刻画拥有人格的人(human person)和社会之间的关系。

在我们每个人身上都栖居着一个神秘的事物，这个神秘的事物就是人的人格性(the human personality)。我们知道，任何一个名副其实的文明，它的一个核心特征就是同情和尊重人的尊严。我们知道，在保护人的诸项权利的时候，恰如在保护自由的时候，我们要随时做好付出生命的准备。在人的人格性中到底包含着什么，才值得作出如此的牺牲？在我们谈论作为人格者的人的时候，我们所要表达的确切含义是什么？

在我们说一个人(a man)是一个拥有人格的人(a person)的时候，我们的意思是说，他并不仅仅只是一个物质体，一个隶属于自

---

① 参见我的著作《现代世界中的自由》(*Freedom in the Modern World*)以及《经院主义与政治》(*Scholasticism and Politics*)一书中的“人与社会”一章。

然的个体，好比一个原子、一片草、一只苍蝇或一头大象。自由在哪里，尊严在哪里，单个的物质体的权利在哪里？说一只苍蝇或一头大象为了自由、尊严或它们的权利而献出生命是没有任何意义的。人是一个动物和一个个体，但却不同于其他动物和其他个体。人是一个通过他的理智和他的意志，来掌控其自身的个体。他不是仅仅以物理性的方式存在；在他那里，有着一种更为丰富且更为高尚的存在；他通过知识和爱而拥有一种精神性的超越的存在。所以，他在某种意义上是一个整体，而不是一个部分；他本身就是一个宇宙，亦即一个微观的宇宙；他可以通过认识而将整个宏观的宇宙囊括其中；他可以通过爱而将其自身自由地奉献给那些在某种程度上与他一样拥有自我的存在者。对于这种关系，我们在自然世界中是绝不可能找寻到与之对等的东西的。从哲学上看，所有这些都意味着，在肉体的人的身上，寄居着一个灵魂，他是一种精神，他比整个自然宇宙拥有更大的价值。尽管他可能依赖于物质世界的某些偶然事件，但人的存在却有赖于支配着时间和死亡的灵魂的存在。这便是作为人格性之根基的精神(the spirit)。

所以，人格性的观念内含着总体性(totality)和独立性(independence)的观念；无论一个人如何贫穷或如何被压迫，他仍然是一个整体，并且作为一个人，仍然以一种独立的方式存在着。说一个人是一个拥有人格的人就等于说，就其存在深度而言，他是一个整体而不是一个部分，是独立的而不是依附性的。当宗教思想说人是上帝的影像(the image of God)的时候，它所指的就是这个存在于我们本性中的奥秘。人的价值、他的自由、他的权利，都源于拥有神圣本性的事物所构成的那个领域，这些事物刻有上帝的印记,而且正是在上帝那里获得了其活动的目的。一个人之所以拥有绝对的尊严,是因为他与绝对者保有直接的联系,只有在绝对者那里,他才能够找到他的完满。他的精神家园就是由那些拥有绝对价值的事物构成的整个领域,这些拥有绝对价值的事物以某种方式映衬出一个高于自然世界的绝对者,并引领着我们的生命趋向这个绝对者。

我并没有忘记,一些不熟悉基督教哲学的人对于人及其尊严也拥有一种极其深刻且本真的理解,甚至有时通过他们的行为而在实践上表现出很少有人可与之比肩的对于人之尊严的尊重。但是在我看来,在此所勾勒出来的有关人的描述——无论他们自己是否意识到它——是唯一一种可以对他们的实践信念作出完全理性的证成的描述。此外,这种描述并不仅只属于基督教哲学(尽管基督教哲学将此提升到了一个更完善的层面)。这种描述是所有这些哲学所普遍共有的,亦即这些哲学不管以哪种方式都承认存在一个高于整个宇宙秩序的绝对者,以及承认人类的灵魂拥有超越时间的价值。

第2章　人与社会

人是一个整体，但他并不是一个封闭的整体，而是一个**开放的**整体。他不是一个没有门户的小精灵，像莱布尼茨的单子一样，或像一个偶像一样，不看，不听，也不说。他在本性上趋向于社会的生活以及相互的交往。

人之所以趋向社会生活，不仅仅是因为人类本性存在各种需求和匮乏（正因为人类本性的需求和匮乏而使得我们每一个人在物质生活、理智生活和道德生活上都需要其他人），而且还因为在人的存在本身之中印刻着一种根本性的宽仁，也就是说，人之所以趋向社会生活是因为他们在理智和爱的交往上的开放性；这种开放性是精神的本性，并要求人们进入与他人的相互关联之中。更严格地讲，人不可能是孤零零的。他想诉说他所知道的东西，他想诉说他是什么——如果他想要诉说的对象不是其他人，那又会是谁？我们可以借用卢梭的话来说，人的一呼一吸是其生存的基本条件。我们也可以借用塞涅卡（Seneca）的话来说，“每当我置身人群之中，我便再度成为一个平凡的人”。所有这些都是正确的——基于某种根本性的悖论，我们可以说，如果我们不置身于人群之中，我们就不可能是人，也无法成为人；如果我们不与他人共负命运，我们就不可能在我们自己身上创造丰富的生命和活动。

由此，社会得以诞生，好像它是某种“自然”所要求的事物，同时也是某种通过理性和意志的运作而自由合意而成的事物（因为这里的自然就是人的本性）。人是一种政治的动物，这意味着人渴求过政治的生活、共同的生活，也就是说，人不仅渴求组成家庭共同体，也渴求组成公民共同体。就一个名副其实的共和国（commonwealth）而言，它就是一个由作为人格者的人所构成的社会。

这意味着，共和国是一个由诸多整体构成的整体，因为作为人格者的人其本身就是一个整体。他是一个由各种自由构成的整体，因为作为人格者的人，其本身就蕴含着对于自我的掌控以及独立性（我所讲的不是绝对的独立性，因为这种独立性只属于上帝）。社会是一个整体，其部分本身就是一个整体，并且社会是一个由各种自由而不是由植物性的细胞构成的有机体。社会拥有它自己的善以及它自己的运作，区别于构成它的那些个体的善和个体的运作。但是社会的善和社会的运作在本质上是且必须是人的善和人的运作，如果它们不致力于人的发展和提升，它在最终意义上必然会堕落。

第3章　共同善

对我们来讲，重要的是尽可能清晰地阐述上述这些观念。

我们并不认为社会的目的是个体的善，或者是由这些构成社会的人的个体之善累加而成的总体。这种说法会把社会本身消解为是为了其部分的利益，并有可能会导致一种“原子式的无政府状态”。这种说法或者等同于一种明显的“无政府主义”观念，或者等同于“资产阶级的唯物主义”这一古老的伪装起来的无政府主义观念，根据后面这种观念，社会的整个义务就在于确保每一个人的自由得到尊重；但是倘若如此，便会使得强者可以自由地欺凌弱者。

社会的唯一目的就在于它自己的共同善，亦即社会体的善。社会体的善就是诸多人构成的一种共同善，因为社会体本身就是一个由诸多人构成的整体，但是如果我们无法准确把握上述事实，那么这个说法必将导致其他错误，亦即一种集体主义的错误——或一种国家专制主义的错误。社会的共同善既不是私人利益的一种纯粹的叠加，也不是那种专属于整体的利益（比如就其个体成员而言的物种，或就单只蜜蜂而言的蜂群），这种专属于整体的利益将其部分完全收归它自己，并牺牲这些部分以利于它自己。社会的共同善是由诸多人共同构成的良好的人类生活，亦即由各个总体构成的，同时既是肉体性也是精神性的良好的生活，但是，这种生活主要是精神性的，尽管他们更多的时候是通过肉身而不是精神生活着。社会的共同善就是他们在良好生活中的交往；所以这种共同善为整体和部分所共有。就其部分而言，其本身也是一个整体，因为作为人格者的人这个观念所蕴含的便是总体性；社会的共同善为整体和部分所共有，它将回返过来，所有的人都必将从中获得益处。在人本身受到去自然化的惩处的时候，社会的共同善意味着承认作为人格者的人拥有一些基本的权利（同时也包括一些家庭权利，相比于政治生活，人在家庭中会以一种更为原初的方式参与群体生活），同时亦要求其这么做。作为共最主要的价值，社会的共同善包含着一种最高的可能性，亦即最有可能使人们过上一种作为人所过的生活（亦即与整体之善的最高程度的吻合），以及最有可能使人们获得自由的扩展和自主性——以及最有可能使人们获得从共同善那里得到的良善性的馈赠。

由此，我们便可看到共同善的第一个核心特征：它蕴含着一种重新的分配，它必须在作为人格者的人之间进行重新分配，而且它必须有助于他们的发展。

第二个特征与社会中的权威相关。共同善是权威的基础；因为引导一个由人所构成的共同体趋向这些人的共同善，亦即趋向这个整体的善，必然要求某些人[①]担负这一引导的使命，同时也要求他们对方向作出规定，亦即要求他们为此目的作出决定，由此能

① 在某些情形中，权威可以由人民本身直接行使，但是在这些情形中，我们所处理的往往是那些过着非常简单的生活的小的共同体，或者是处理那些通过“全民公决”的方式作出的具体决定。

够得到该共同体的其他成员的遵守和服从。这样一种旨在整体之善的权威,其所针对的是自由人,它完全对立于另一种支配方式,亦即一个主人为了他个人的某种利益而针对其他人所进行的支配。

第三个特征与共同善的内在道德性(intrinsic morality)相关,共同善不是一系列的益处和便利,在本质上是一种整全性的生活(integrity of life),亦即普罗大众所拥有的好的和正当的人类生活。所以,正义(justice)和道德正当性(moral righteousness)是共同善的核心要素。这也是共同善为何要求公民发展其德性的原因,同时也是每一个不正当和不道德的政治行为就其本身而言为何有损于共同善且在政治上是恶的原因。由此我们便可看到马基雅维利主义的根本错误之所在。并且正是因为共同善是权威的基础这一事实,所以我们同时亦可看到,当权威是不正义的时候,权威是如何背离它自己的政治本质的。一项不正义的法律不是一项法律。

第 4 章　极权主义与人格主义

社会是一个由作为人格者的人构成的整体，从这一事实我们可以清楚地看到，个体和社会之间的相互关系是复杂的，而且以完全正确的方式来观察和描述这种关系是极为困难的。整体本身要高于其部分。这是亚里士多德所强调的一项原则，同时也是无政府主义的政治哲学所漠视的一项原则。但是作为人格者的人并不仅仅只是社会的一个部分。这是基督教试图予以阐明的另一项原则，但每一种绝对主义的或极权主义的政治哲学都试图对此予以贬损。

让我们来看这个问题。作为人格者的人，其本身就是一个整体，他是开放和丰盈的。事实上，如果人类社会是一个由纯粹的人格者(pure persons)构成的社会，那么社会的善和每一个人格者的善就是同一个东西。但是人(man)远不是一个纯粹的人格者；人是一个贫瘠的、物质性的个体，是一种天生就比所有其他动物更容易招致匮乏之苦的动物。尽管人格者就其本身而言是一个独立的整体，并且是整个自然界中最崇高的事物，但是作为人格者的人却处于人格性的最低层面之上，一无所有且备感无助；一个人充斥着各种需求。正是因为这一深层次的匮乏以及由社会所带来的所有那些弥补其存在缺陷的东西(如果没有社会，他就仍然处在一种隐潜的生活状态），而使得当一个人进入一个由其同类的人构成的社会中，他就成为一个更大且更好的整体的部分——一个超越了个人的整体，就个人是这个整体的部分而言——它的共同善不再是每一个个人的善，同时也不同于所有这些个人之善的总和。然而，正是基于人格性本身，及其伴随着它的完善性，亦即作为一个独立的和开放的整体，所以使得作为人格者的人寻求进入社会；因此，正如我所讲的，社会整体之善就有必要以某种方式重新回归至作为其成员的每一个人的身上。

此外，基于人与绝对者的关系，同时基于他被要求过一种超越时间的生活和承负一种超越时间的命运——换言之，就是符合人格性本身所提出的最高要求，所以，作为人格者的人超越了所有世俗性的社会，并优先于它们。所以，从这一视角出发，也就是说，就在人身上包含着绝对性而言，社会本身以及社会的共同善都间接地隶属于人的完善以及他的超时间性的祈望的完满实现，好比隶属于另一种超越于它们的秩序所拥有的目的。一个人的灵魂比由肉体和物质性的事物构成的整个宇宙拥有更多的价值。除了上帝之外，没有任何东西高于人的灵魂。灵魂拥有永恒的价值和绝对尊严，在这个意义上，社会就是为每一个人而存在的，所以也是隶属于他的。

这构成了最为重要的一个要点，在下一章我将再次回到这个问题。但现在（为了满足那些迷恋于精致的哲学论述的人）我将转而讨论两个经典的论断，在我看来它们可被用以阐明问题的核心。圣托马斯·阿奎那这么写道，“每一个单个的人之于整个共同体的关系就好比部分之于整体”[①]。从这一视角和这一联系出发，我们也可以说，一个人基于他自己所生处的某些条件（这些条件使他成为社会的一部分），而使得整个的人都置设在社会的共同善之中，并且其存在也着眼于社会的共同善。

但我们必须马上补充说，即便我们说整个的人是政治社会的一部分（因为他可能会被要求为此而付出生命），但我们也可以说，就其本身是一个整体以及就存在于他身上的所有东西而言，他并不是政治社会的一部分。与之相反，基于他身上的某些事物，作为一个整体的人将其自身提升至政治社会之上。在此，我们将得出第二个论断，这个论断将补充和平衡第一个论断：“基于人本身是一个整体，以及基于存在于他身上的所有东西，人并不隶属于政治社会”。[②]

所以，在以下两个论断之间存在一种极大的差异：一是“人，基于存在于他身上的某些事物，而整个地作为政治社会的一部分参与其中”，二是“人，基于他自己作为一个整体，以及基于存在于他身上的所有东西，而作为政治社会的一部分”。前者是正确的，后者是错误的。正是在此，我们发现了问题的困难之处以及它的解决之道。无政府主义的个人主义否认整个的人，基于存在于他身上的某些事物，而成为政治社会的一部分；极权主义认为，人之所以是政治社会的一部分是基于他自己是一个整体，以及基于存在于他身上的所有东西（“所有的事物都存在于国家之中，没有任何

① 《神学大全》第二册第二部分，第 64 题，第 2 节（II-II，64，2）。

② 《神学大全》第二册第一部分，第 21 题，第 4 节，第 3 段（I-II，21，4 ad 3）。

东西对立于国家,没有任何东西存在于国家之外”)。事情的真理在于,整个的人是政治社会的一部分,其存在着眼于这个政治社会的共同善,但并不基于他本人是一个整体。由此,一名优秀的哲学家并不是基于他所发挥的那些功能,也不是基于他所要达成的那些目的,而成为一名哲学家的;他是基于存在于他身上的“理智”所担负的那种特定的功能以及所要达致的那个特定的目的,而成为一名哲学家的。一名优秀的赛跑者,就其整个人来讲,之所以是一名赛跑者,不是基于他所负担的那些所有的功能和目的;就其整个人来讲,他之所以是一名赛跑者,是基于存在于他身上的神经肌肉的机能,而不是因为他拥有有关《圣经》的知识或天文学知识。人就其整体来讲是政治社会的一部分,之所以如此,并不是基于存在于他身上的所有东西或所有属于他的东西。他是基于存在于他身上的其他某些东西而高于政治社会的。在他身上存在着某些最为重要和最为神圣的东西,它们超越于政治社会之上,并将人提升至一个高出政治社会之上的位置;但这个人同时也基于其中某种事物而成为政治社会的一分子。我是基于与共同生活(这一共同生活将我的整个的存在)的某种联系而成为国家的一分子的;但我同时也基于与“比共同生活更为重要的事物”的联系(我的整个存在同时也与此种联系相关),而拥有某些既不是由国家授予也不是为了国家而存在的权利、价值和天赋,所有这些东西都存在于国家领域之外。

人基于以下事物而成为政治共同体的一部分,并由此而低于后者,这些事物基于它们自身的本质而依赖于政治共同体,而这些事物由此而被看成是实现政治共同体之世俗利益的手段。由此,一名数学家之所以拥有渊博的数学知识，有赖于社会生活使之成为可能的教育制度；这一从他人那里获得的不断演进的训练依赖于共同体，而这正证实了个人的贫瘠状态；这一共同体有权利期望数学家通过教授数学来服务社会。

另一方面，人基于以下事物而超越于政治共同体，亦即那些存在于他身上的源于人格性和绝对之物的事物，这些事物基于它们的本质而依赖于某种高于政治共同体的事物，且关涉作为人格者的人所拥有的那种超世俗的完满。所以，数学真理并不依赖于社会共同体，而是与那个由绝对善构成的领域联系在一起，而这些绝对善是属于人格者本身的。共同体没有任何权利要求数学家把一个数学体系而不是另一个数学体系看成是正确的，也没有权利教授某种特定种类的数学，认为它更适合于社会团体的法则（例如，因为他们是雅利安人的数学家，或马克思—列宁主义的数学家）。

第5章　社会生活中人的运动

所以，人和群体是相互糅合在一起的，根据不同的参考系，我们可以看到不同的优先次序。人通过将其自身隶属于群体而发现他自己；群体只有通过服务于人，同时认识到人拥有一些超出群体的秘密以及负有一种群体无法囊括的使命，才能够达致它的目的。

如果我们清楚地理解这些要点，我们也将明白以下这样两点：一方面，社会生活对人来讲是本性使然，而另一方面，因为人格者本身是独立性的根源，所以在人与社会之间永远都存有某种紧张。这个悖论、这种紧张、这一冲突其本身就是某种自然的和不可避免的事物。解决它们的方式不是静态的，而是动态的；这将引发运动，而且将在运动中获得实现。

所以，对于身处社会生活中的人本身来讲，存在一种可称为"纵向的"运动：因为人的人格性的根基不是社会，而是上帝；并且因为人的最终目的不是社会，而是上帝；还因为人使他作为人而拥有的生活变得更为完善的核心地带是一个由永恒之物构成的世界，而他据以成为社会共同体之部分的那个层面是一个属于世俗交往的层面。所以，尽管人渴望社会，但同时也往往倾向于超越它，直至最终进入上帝的社会。一个人从家庭社会（这个社会更为基本，因为它与种的延续相关）过渡至公民或政治社会（这个社会更为高贵，因为它与理性生活本身相关），在公民社会中，他感到需要一些其范围更为狭小的团体或伙伴关系，以有助于他的理智生活和道德生活。他是通过他自己的自由选择而进入这些团体的，这些团体将帮助人们提升至一个更高的层面，但是这些团体也会因为束缚人们而结束其使命，由此使得人们感到有义务超越这些团体。在公民社会之上，人们开始跨入一个不属于此世的王国，进入一个超民族的、超种族的、超世俗的被称为教会的社会，这个社会所关涉的是那些不属于恺撒的事物。

第6章　自由人所构成的社会的四个特征

我们发现，我在上文所勾勒的社会观念可以通过以下特征予以刻画：它是一个“人格主义的”(personalist)的观念，因为它把社会看成是一个由人构成的整体，这些人的尊严先于社会，并且，即便这些人贫穷至极，但在其存在本身之中既已蕴含着独立性的根源，他们祈望更大程度的独立，直至达到任何一个人类社会都无法给予的那种完全的精神自由。

其次，这个观念是一个“共同体式的”(communal)观念；因为它承认这样一个事实，亦即人在本性上将趋向社会和联合，特别是趋向政治共同体，并且因为在具体的政治领域以及就人是政治社会的一员这个意义上，它把共同善看成是高于个人的。

第三，这个观念是一个“多元主义的”(pluralist)观念，因为它假定人的发展通常需要由诸多自主的共同体所构成的多元性，这些自主的共同体往往拥有它们自己的权利、自由和权威；在这些共同体中，有一些在等级上是低于政治国家的，它们或者源于基本的自然需求(比如家庭这一共同体)，或者源于人们基于意志的自由联合而形成的各式各样的团体；还有一些共同体在等级上是高于政治国家的，特别是基督徒心目中的教会，以及在世俗领域中，那个我们现在所祈望的有组织的国际共同体。

最后，我们所描述的这个社会观念是神学的或基督教式的，其含义并不是说，它要求社会的每一个人成员都要信仰上帝或成为基督徒，而是说，它承认事物的性质、上帝、人的目的和原则，以及自然法的主要渊源，同样也是政治社会和人类权威的主要渊源。同时它也承认，自由和博爱这些由福音所释放出来的思潮，正义和友爱这些由福音所保障的德性，以及福音所明确主张的“在实践上对于人的尊重”，和它所要求的“在上帝面前的责任感”，所有这些东西既源于施行权威的人也源于隶属于权威的人，它们都是文明据以达致其完满的内在动力。

对于那些并不信仰上帝或那些尚未皈依基督教的人，如果他们确实相信人的尊严、相信正义、相信自由、相信对于邻人的爱，那么，尽管他们可能无法将他们的实践确信溯源至基本原则，甚至他们可能会把这些确信建立在一些有缺陷的原则的基础之上，但他们仍旧可以参与到去实现某种社会观念和参与到共同善之中。在这种观念中，公民社会，通过祈求神助以及凭借其成员所熟知的上帝之名，而被有机地与宗教结合在一起，并有意识地趋向其存在的根源。在公民社会自身的世俗领域之上，独立地存在着一个由不属于恺撒的事物构成的王国；公民社会不是通过任何一种神权政体或神权主义，也不是通过施加某种宗教事务上的压力，而是在每一个人的权利和自由的基础之上，通过尊重和促进教会以及各式各样存在于世俗共同体中的宗教团体的精神活动，而与宗教结合在一起。

第 7 章　一个本真的基督教社会

眼下这场战争让我们意识到，这个世界的运行到目前为止一直抱持着中立性的立场。但是，无论这是出于有意还是无意，国家都被迫在信奉福音与不信奉福音之间作出抉择，它们或者为极权主义精神所塑造，或者为基督教精神所塑造。

在这个问题上重要的是要区分非本真的和本真性的，亦即区分“一个教权式的或伪饰性的基督教国家”与“一个本真的和真正的基督教政治社会”。在一个教权式的或伪饰性的基督教国家，它的每一项努力都旨在复兴极权主义时代的非本真的基督教政府所自夸的那类“基督教国家”，在这个基督教国家中，国家被看成是一个独立的实体（实际上就是一个统治和执行机构），该实体通过一个特权系统和一个拥有至高性的约束机制向该共同体强加一些必定会加强其权势且巩固其现存秩序的外在形式。伪饰性的基督教国家所做的每一项努力，在当下世界必定会成为受害者，亦即成为反基督教的极权主义的诱饵或工具。

一个本真的和真正的基督教政治社会之所以是一个基督徒社会，是基于一种赋予该社会以活力并型塑其结构的精神，这意味着它是一个福音派的基督教社会。并且，因为世俗社会的直接目的是拥有其自身之自然活动和德性的人类生活以及人类的共同善，而非神圣生活和神圣恩典，所以，这样一个政治社会不会要求其成员信奉共同的宗教教义，也不会将那些不信奉宗教教义——亦即赋予该社会以活力的那种宗教教义——的人置于劣势地位或政治上的不利地位。天主教徒和非天主教徒，基督徒和非基督徒，一旦他们从各自立场出发，都一致认同以下事物的时候，必将出于同样的理由而被纳入到该社会的动态运行之中，并都能够为了其共同的利益而相互协作，这些事物包括：基于福音而使我们意识到的人类价值、人所拥有的尊严和权利、内在于权威的道德义务、友爱的法则以及自然法的神圣不可侵犯性。所有这些东西，都不是基于一个特权体系或一些外在强加的高压手段；相反，它们是基于在人民自身之中发展起来的，且源出于人民的一些内在的力量；是基于这样一些人的奉献和付出，这些人把他们自己看成是服务于某个共同的使命，而且他们的道德权威是通过人们自发的承认而获得的；正如基于这样一些制度、方式和习惯，这样一个政治社会才被称为一种基督教的社会，不是表面上的基督教社会，而是实质意义上的基督教社会。

它将意识到它自己的教义和道德规则，它将意识到激发它的那种信仰，并且它将以公开的方式将其表达出来。事实上，我们可以很明显地看到，对于任何一个民族来讲，对于共同信仰的这样一种公开的表达将预设某些基督教的忏悔形式，这些忏悔形式将与这个民族所拥有的那段历史和传统以最真实的方式勾连在一起。但是，其他的宗教忏悔在这种公共表达中也会找到一席之地，它们也会在这个国家中有其代表，由此他们也可以维护他们自己的权利和自由，并也会为他们的共同使命出一份力。

天主教教会坚持以下原则,真理必须拥有一种相对于谬误的优先性,真正的宗教——当它被知晓的时候——在其精神使命上必须得到维护,必须优先于那些其要旨或多或少是衰微的且与谬误夹杂在一起的宗教。这便是人在真理面前所担负之责任的一个必然结果。然而,如果由此而得出以下结论便是大错特错了:亦即认为该原则只有通过一种绝对权力或军事力量的协助才能得到践行;或认为天主教教会可以在现代社会主张一种只有在神启时代(诸如中世纪)才拥有的特权。

需要予以支持的是教会的精神使命,而不是它的某些成员可能会以它之名而主张的某种政治权力或某些世俗利益。就现代社会已形成的那种自我意识和已达致的那个发展阶段,一种偏袒教会的社会偏见或政治偏见,或赋予牧师或它的忠实信徒以某些世俗性的特权,甚或支持某种教权主义(clericalism)的政策,准确来讲所有这些在根本意义上都是在破坏这一精神使命,而不是在支持这一精神使命。此外,宗教自身内在的败坏——一种极权主义式的教权独裁所导致的便是这样一种败坏——比迫害本身要更为恶劣。因为政治社会在“专属于它自己的领域”和“它的世俗目的”之间作了完美的区隔,并在现实中已将分属于不同宗教派系的人统合在一起,以纳入属于它自己的世俗的共同善之内,所以,在世俗领域内,适用于不同宗教派系的权利平等原则已变得不可或缺。在此,只有唯一一种世俗的共同善,亦即政治社会的共同善,恰如只有唯一的一种超自然的共同善一样,亦即那种超政治的上帝之城的共同善。在政治社会中注入一种特殊的或不完全的共同善,亦即向它注入某一宗教的忠实信徒所构成的世俗的共同善,即便这一宗教是唯一真确的宗教，只要它在国家中主张一种特权式的地位，那么就等于是向政治社会注入了一项根本性的原则，在这个意义上，这必然会损害世俗的共同善。

一种多元主义的观念——它建立在权利平等的基础之上——将确保各个在制度上被认可的宗教派系的自由以及它们在国家生活中的地位；在我看来，这个观念需要被用来代替我们所知道的圣礼时代的"神权"观念、约瑟夫主义时代的"教权"观念，以及资本主义时代的"自由主义"观念，并且在那些既关涉世俗又关涉宗教的问题上，特别是在教育问题上，达致精神利益和世俗利益的和谐。在一个其宗教结构是天主教的国度，比如法国，天主教教会将基于它所拥有的道德权威和宗教动力的优势，从这样一种多元主义的组织汲取独有的精神辐射力。不是通过某种特权化的法律地位，而是在一种平等的基督教律法中、在一种由它自己的精神所激发的平等的律法中，以及在一种平等的基督教公平中，教会才能找到适合于它的那种支持。[1] 国家不是通过赋予教会以它所认同的待

① 从这一角度出发，我们需加注意的是，晚近，在梵蒂冈和葡萄牙之间所达成的政教协定包括牧师不从国家领取任何薪俸。里斯本的主教在这个问题上这么写道："牧师被要求过一种荣耀的清平生活"，其强调了所举例子的重要性，以及牧师有必要将其自身完全且自由地奉献给教会的神圣使命。葡萄牙允许宗教自由，而且没有赋予任何一个教会以国教的地位——所有这些都表明了一种中立性的态度。"简言之，葡萄牙允许所有的宗教教派的存在，而且不支持官方教会，但它在教义和道德规范方面并不是中立的。它采纳了天主教的宗教教义和道德规范"[《公共福利杂志》(*The Commonweal*)，纽约，1943 年 2 月 5 日]。再者，塞雷热拉主教揭示并澄清了我们这个时代在思想上所陷入的混乱。该事实为何如此引人注目是因为在政治秩序中，葡萄牙所属之政体是一个不值得效法的例子[葡萄牙的这种独裁，尽管不是极权主义的，但却与西班牙的极权主义(这种极权主义本身就与法西斯主义和纳粹比较亲近)保持着友好的关系，它是一个理想的诱饵，以诱惑那些缺乏政治经验的心灵转向国际性的极权主义]。

遇,不是通过在牺牲教会自由的条件下给予它世俗利益以赢得它的支持,从而给予教会的精神使命以更多的支持。相反,国家是通过要求教会做更多的事——亦即要求其牧师深入大众,与他们生活在一起,从而在他们之间传播福音;要求其宗教命令与世俗共同体的社会服务和教育机构相互协调;要求那些热心的非专业人士和他的年轻的组织来协助国家的道德事业,并在社会生活中发展自由感和博爱感,从而给予教会的精神使命以更多的支持。

第8章　社会在历史中的演进

对于所谓的人在社会中的纵向运动，我在上文已作出阐述。人和社会之间的这一动态张力还会引发第二种类型的运动，亦即一种横向的运动。我把其称为社会本身在历史时间中的演进。这一运动依赖于一项伟大的法则，该法则可以被称为一种双重法则：亦即历史能量的衰败和复苏，或者说，历史进展所依赖的大量人类活动的衰败和复苏。尽管时间的流逝和质料的被动性在本性上将消耗历史的能量，并使世界上的事物消散而逝，但是，创造性的力量——这些力量是精神和自由的独有特性，同时也是它们的鉴证，这些力量往往是通过少数人的努力而找到它们的用武之地的——将一再地重新焕发历史的能量。由此，人类社会生活在以付出诸多损耗为代价的前提下得以不断进化和演进。这种进化和演进一则有赖于源于精神和自由的历史能量的重新焕发和提升，另则有赖于技术的进步，这些技术的进步往往是走在精神活动前头的（这往往是灾祸的根源），但是，技术的进步在根本意义上却只能是作为精神的工具。

这便是唯一一种正确的进步观念，在我看来，这种观念一方面要取代那种以孔多塞（Condorcet）的方式予以构想的“必然进步”的错误观念，另一方面则要取代那种否定进步或厌恶进步的观念，

在那些对于人和自由丧失信仰的人那里，这种观念极为流行，其本身就是一项历史自杀的原则。让我感到高兴的是，泰亚尔·德·夏尔丹(Teilhard de Chardin)[①]这位伟大的古生物学家晚近在北京所作的一次演讲中，[②]从科学的角度表达了一些与我相类似的观点。他指出，尽管“人类的史前史在我们看来非常漫长从而显得非常古老，但实际上，人性(Humanity)仍旧**非常稚嫩**”。并且，他还进一步指出，人性的进化必须看成是整个生命进化的一部分，在整个生命进化的过程中，**进步**意味着**良知的提升**，而**良知的提升**则与一种更高层面的**组织化**联系在一起。“进步，如果它要一直持续下去的话，不能仅凭其自身。**进步，通过它的综合机制，向其自身不断地注入自由**”。

如果我们从整个生命史和人性史的视角出发，我们就必须使用一种更为宽广的视域，远比我们在日常经验中所使用的那个视域要更为宽广，在此，我们重新找回了有关人种进化的信念，并且，我们得以明白，从生物学进化的领域一直到社会进步及文明社会进化的领域，生命的法则一直贯穿其中，该法则通过更强的组织化而达致更大的统一性。在此，人类自由所面对的核心问题就是，哪条路将导向这一不断进步的统合：是通过外在力量和强制力而实现的统合？还是通过内在力量的统合，也就是说，通过道德良知的进步，通过正义、法律和友谊的进步，通过精神能量的解放而实现

① 泰亚尔·德·夏尔丹(1881—1955)：汉语名字为德日进，生于法国多姆山省，哲学家、古生物学家，德日进在中国工作多年，是中国旧石器时代考古学的开拓者和奠基人之一。——译者

② 泰亚尔·德·夏尔丹：《反思进步》(*Réflexions sur le progrès*)，北京，1941年。

的统合？科学证明了这样一个事实："强制性的统合只能产生一种表面上的统一。它可以组建一部机器，但它却无法产生某种根本性的综合；由此它无法促生某种良知的进步。事实上，它是一种物质化的统合而不是一种精神化的统合。"在人类社会中，强制力往往都有一定的位置，但这并不意味着我们必须从中寻找进步的法则。只有通过内在力量的统合才是"生物学式的"。只有这种统合才能产生奇迹，亦即从各种集合式的强力中孕育出人格性，只有这种统合才能够代表心理—创生的真正扩展（而人正是在这个结点上出现的），同时，这种统合在人类的集体式的进化中继续以新的形式发挥其作用。最后，只有在"这一共同的凝聚力"之下——这种凝聚力是通过一个超越的核心，亦即精神和人格而获得的，在其中，人们相互之间才能够真正地爱对方——人性的发展（并由此在世俗历史的领域中获得活力和提升）才找寻到它自己的最高法则。

我们还需指出，正如某些科学家们所指出的那样，无论他们的宗教信仰是什么，对于那些承认（我们之前讨论过的）人性进步的人和那些不承认人性进步的人，从社会生活的角度出发，必将在实践上采取相应的不同立场。就上帝王国和永恒生活来讲，他们会相应地接受和拒绝构成人类心灵相互间的核心差异的宗教教义；就世俗生活和世俗共同体而言，他们会相应地接受和拒绝人的历史使命。[①] 事实上，"人的历史使命"这个观念，不论它是否仍然是一个基督教的观念还是一个已世俗化了的观念，但就其起源来讲，

---

① 泰亚尔·德·夏尔丹：《论人类共同信的可能基础》(*Sur les bases possible d'un credo humain commun*)，北京，1941 年 3 月 30 日。

它仍然是基督教的，而且其灵感也是源于基督教的；但让人感到惊讶的是，很多基督徒都已丧失了这个观念，并且，尽管他们仍忠实于信仰教义，但在对人类事务作出判断的时候，却往往否弃信仰灵感。

第 9 章　自由的征程

对于进步的这一多少有些离题的附加探讨，可以让我们更为清晰地理解上文我所谈及的社会生活的横向运动。让我们重新回到更为严格的政治考量，我们在此必须要注意，在这一进步运动的根基处，存在着人的某些自然祈望，亦即祈望自由的扩展和自主性，并祈望一种政治的和社会的解放，以便使其从物质性自然的束缚中解脱出来。我们在此所讨论的这一运动，在社会生活本身中，将使得人的如下祈望得到逐步的实现，亦即祈望被作为一个人予以对待，也就是说被作为一个整体予以对待。好一个悖论啊！在社会整体中，其部分本身要求被作为整体而不是作为部分予以对待。这个悖论的关键在于社会关系所具有的道德属性。人所祈望的那一理想，它的完满实现预设了人类历史已经达致其目的，换言之，它预设了人性已经超越历史；这个理想是上升阶段的人类历史加诸在其自身之上的一个最终的目的。它要求一种英雄式的生命哲学倾向，立足于绝对之物和精神价值。它只能通过法律的发展、正义感和荣誉感（在某种意义上甚至是神圣的正义感和荣誉感），以及公民式友谊的发展这些手段才能得到逐步的实现。正义和法律是通过把人作为一个道德行动者并诉诸理性和自由意志而予以统治的，它们所关涉的是人性，并将原本那种纯粹的依从关系（亦

即部分依从于整体的关系)转化为两个整体——个人和社会——之间的关系。而“爱”以自愿的方式将原本强制性的关系转变成为自由和自由的馈赠。尽管社会的结构在很大程度上依赖于正义,但是,社会的内在创造力和核心的驱动机制却有赖于公民友爱(civic friendship)。友爱将产生自然本身所要求的,且以自由的方式被达成的各个意志之间的合意,社会共同体便渊源于这种合意。友爱是国家和平的真正原因。它是一种可促使社会焕发生机的形式。亚里士多德非常清楚这一点,他正是根据友爱的类型来区分共同体的类型的。正义和法律是不可或缺的前提性条件,但只有它们还不够。如果没有源于作为人格者的人的恒久的天赋和恒久的充盈,如果没有隐藏在生命和人的自由深处的慷慨之源(它正是由爱孕育而生的),社会是不可能存在的。

此外,正义、法律制度、司法结构的发展和公民友爱,同时也体现在各项制度中,它们基于一些内在的力量而代表着一种统合性的原则;对此,我已在前文有所述及,另外,这些事物同时也是将人性提升至一个更高的组织和统合层面——对应于那些处于更高层面上的集体良知——之上的唯一途径。

最后,“正义”和“友爱”的发展与“人与人之间的平等”的发展是勾连在一起的;在这里,我所指的并不是一种算术式的平等,这种平等排除所有的差异和不平等,并有可能将所有人都拉低至同一个水准。我所认为的进步指的是,我们每一个人都意识到我们在根本意义上是平等的,并在人的本性之中是共通的。我所认为的那种进步指的是,当正义以每一个人所应得的方式来对待每一个人,并且最为重要的是把每一个人作为人予以对待的时候,由它所促生的那种比例式的平等。古人就此说到“友爱，也就是朋友之间的联合，在那些互不理睬对方的人之间是不可能存在的。友爱预设了各个存在者相互之间是紧密联系的，同时也预设了他们相互之间是平等的”，在人与人之间业已存在平等的条件下，友爱便开始以一种平等的方式发挥其作用，而在那些不平等的人之间，发挥作用的则是正义。在达致此种平等之后，正义便完成了它的使命。由此，正义的完成便是平等的开始，而平等则处于友爱的根基和源起处。这便是阿奎那据以解释亚里士多德的方式。[①] 他以此种方式向我们表明，进一步促进业已在人类社会中发挥其功能的“平等”具有根本的必要性，同时，此种促进也不是要把所有的人都拉低至同一个水平，而是在他们之间建立作为友爱之根源的平等和相似性。

我的前述考察阐明了一个真正的人本主义社会观念所独有的第二类特征。这个观念申明了人性的不断进步，而且认为这种进步不是一个自发的或必然的过程，而是一个艰辛的过程，是以精神力量和自然力量之间的英雄式的张力为代价的。这个观念承认正义(justice)和公民友爱(civic friendship)是这个由人所构成的共同体(即政治社会)的核心基础。由此，这个观念同时也认为平等扮演着一种根本性的角色，不仅仅是位于其根源处的“自然的”平等，而且是作为正义和共同善之结果的“赢得的”平等。

① 圣托马斯·阿奎那：《亚里士多德〈尼各马可伦理学〉评注》(*Commentary on Aristotle's Ethics*)，第 8 卷，第 7 节。

第10章　共同使命

我们还需要给出第三组考察，以结束我们对于政治社会之真正本性的刻画。

政治社会的目的——恰如所有人类社会的目的一样——意味着要做某件共同的事情。这是一种与真正的人类社会所独有的理性特征联系在一起的属性：这件要做的共同的事情是人们之所以联合起来，并一致同意（不论是明示还是暗示）过一种共同的生活的客观理由。人们之所以联合起来是基于一个理由，为了一个目的，为了一件要完成的任务。

在这个资产阶级的个人主义的社会中，并不存在一个要完成的共同任务，也不存在某种共联形式。每一个人都只是要求国家保护他自己个人的自由，以免遭他人自由的可能侵犯。

在一个种族式的共同体中（德意志性情中的某些倾向会导向这类共同体），也不存在一个目的，亦即一项需加履行的共同使命。但是在这里，却存在一种要求联合在一起的激情。但是这种联合并不是为了一个客观的目的，而是为了结合在一起（zusammenmarchieren）的主观快乐。德意志的共同体观念建立在一种“期望联合在一起的怀旧式情感”的基础之上，亦即建立在“为了其自身而联合在一起的情感式需要”的基础之上——他们熔铸在一个共同体中，以弥补那种不正常的孤独感和挫败感。没有其他任何东西比这样一种共同体观念更危险的了:这种观念因为没有一个确定的目的,所以政治共同体可以将其要求发挥至极致,会将人们吸纳进来并进行编排,会将人所拥有的那些宗教能量完全吞噬掉。因为它不是通过一个需要被实现的目的而被界定的,所以它只能通过将其自己对立于其他人类联合形式才能够定义它自身。所以,它在根本意义上需要一个反对其自身的敌人才能够建构其自身;政治体通过识别和憎恨它的敌人才能够找到它自己的共同意识。最后,因为它必须不惜一切代价地去做某件事情并趋向某个事物,这个事物,不是一个被规定的对象,也不是一个真正意义上的目的,所以只能是一种运动的趋向(trend),或一种想象出来的趋向,一个尚未被界定同时没有任何一个人知道它所要征服的是什么的征程。

事实上,人们只有在一个目的中才能够找到人们相互之间的联合。这也正是为什么最高层面的联合存在于“知识”和“对于真理本身的爱”之中的原因。这也正是为什么在我们的理性自然这一世俗领域中,政治共同体是通过一个目的而得到实现的,这个目的便是人们共同致力于的那项使命。

我们一旦明白这一点,问题便在于如何以适当的方式来确定这一使命。人们之所以组成一个政治社会,其所要达成的目的是什么?这个目的并不与某种特定的人类活动联系在一起,比如生物学家们所致力的那种活动——亦即生物学的进步。不,政治使命所关涉的是社会整体所拥有的人类生活本身;正如我们所看到的,每一个人就其本身来讲,都置身于这一共同的目的之中,尽管他不是基于他本身是一个整体或基于他身上的所有东西而置身于这一共同目的之中，并且，尽管从其他角度看，他超越于这一共同目的之上。

如果将一种低于人类生活本身和低于其内在进步的使命赋予政治社会，将其作为政治社会的目的，那必将败坏政治社会的本性。我之前已指出，在中产阶级—个人主义的观念中，严格来讲，并不存在任何共同的使命；国家的功能仅只在于确保那些散乱的个体的物质性便利，每一个人都专注于和着眼于他自己的利益。在共产主义—极权主义的观念中，社会整体的核心使命在于对自然的工业式支配。在极权主义—种族主义的观念中，社会整体的核心使命，或者说，“人们之间的联合”所必然趋向的方向，就是对于他人的政治性支配。在上述这三个观念中——其中第三个观念显然是最恶劣的——政治社会被扭曲，人则被作为祭品而被牺牲。在中产阶级—个人主义的观念中——它把“人格者所拥有的真正的尊严”与“抽象个体所拥有的虚幻的尊严”混淆在了一起——人被作为一个孤立的个体加以对待，特别是那些无产者在剥削他们的有产者面前是孤立无援的。在共产主义以及在种族主义的观念中，人的尊严是被蔑视的，作为人格者的人不是被作为工业这个巨头（它是经济共同体的上帝）的祭品，就是被作为种族和血脉这一邪恶之物（它是种族共同体的上帝）的祭品。在所有这些观念中，根本不存在任何一种适宜的政治使命。

第11章　人类生活本身的内在进步

个人自由必须予以保护；人必须通过他的努力来征服物质性的自然；共同体必须强而有力，必须有效地保护其自身，以应对各种分裂的力量和可能的敌人。所有这些事物都是必要的，但它们却无法用来界定政治联合（political association）最核心和最根本的目的。政治联合所必然要担负的政治使命，就是民众所享有的那种良好的人类生活，亦即人类生活条件的改善，也就是人类生活内在的进步和提升（当然是物质性的，但同时并主要还是道德性的和精神性的），正是依赖于这一进步和提升，人所拥有的那些特性才得以在历史中获得实现和展露；人们之所以聚集在政治共同体之中，最核心和最基本的目的就是要保护民众的共同善，由此使得每一个具体的人——不是某个特权阶级中的人，而是所有的人——都能够真正地达致文明生活所独有的独立性，这种独立性同时也通过“在经济上对于劳动和财产的保护”“政治权利”“公民德性”以及“心灵的教化”这样一些方式而得到保障。

简言之，政治的使命在本质上就是一项文明和文化的使命。人所拥有的那些根本祈望揭示和阐明了这一使命的本性，而人所拥有的那种最基本的祈望就是祈望自由的扩展和自主性。尽管政治社会的首要目的在于确保社会整体的福祉（welfare）、活力

(vigor)与和平(peace),但它同时也旨在提升共同生活的条件,这些条件将以积极的方式帮助每一个人逐渐达致自由的扩展和自主性;这种自由的扩展和自主性首先在于道德生活和理性生活的繁盛,以及理智德性和道德德性这些内在活动的完善。以此种方式被加以界定的运动——亦即政治社会所独有的那种运动——是一种与我们的真正祈望相吻合的趋向于自由和解放的运动,这种运动包括(1)从物质性的自然的束缚中解脱出来,不仅仅是为了我们在物质方面的福祉,而且更为重要的是为了存在于我们身上的精神生活的发展;(2)从各种不同的政治束缚形式中解脱出来(因为人是一种"政治动物",所以我们的本性会要求我们每一个人都积极和自由地参与政治生活);(3)从各种不同的经济束缚和社会束缚中解脱出来(我们的本性同时也要求一个人不能剥削另一个人,亦即不能把他作为达致他自己的利益的手段)。或许,就人本身而言,他可能并不会变得更好。但至少他的生活状态会变得更好。同时,人类生活的结构以及人的良知也会有所进步。

这一有关政治社会及其主要任务的观念是亚里士多德所抱持的一个观念,但是这个观念抛弃了其纵容奴役的糟粕,同时也没有希腊哲学所固有的那种静态性,它通过揭示历史的运动、人的无限的祈望以及人性所拥有的不断演进的潜能(它是通过福音的降临而带给我们的),而使该观念变成一个动态的观念。

如此被加以界定的任务,是所有任务中最为艰巨的任务。很显然,它只能通过物质性技术的进步以及组织技术的进步才能够得到实现;同时,它亦认为,各个社会如果要成为一个正当的社会,那么它们就必须使它们自己变得强而有力,从而可以保护它自己;

另外，它还要求人们要不断地推进有关人类事物的理解和把握，就目前来讲，我们与此还相距甚远（对于人的认识远比对于物的认识困难）；此外，它还要求在道德生活和各种创造性的力量之间保持某种巨大张力，据此，集体理性将用机器的力量来解放他自己；它还要求在越来越多的人那里，使其摆脱各种强制性的牺牲和奉献（亦即强制人们为了他人和为了后代过上更好的生活而牺牲他自己）。就福音在社会世俗领域所提出的要求以及提供的可能性而言，我们可以说，我们仍处于一个前历史的时代。

这种仍处于原始状态的人性，内含着各种困难、冲突和沮丧，在这些困难、冲突和沮丧之下，政治使命必须尽可能地实现由它自己所提出的那些本质性和首要的迫切要求。只有在它认识到这些迫切要求，并被固定在一个高尚的和困难的历史理想之上，它才能够促发和推动隐藏在人心深处所有那些良善的和进步的能量，而这些能量在眼下显然是被压抑和被扭曲着的。人们在其中可据以联合起来，以及人类世俗希望和人类历史能量在几个世纪之后可据以获得实现的政治活动，就是建立一个互助互爱的城邦，在那里，人们将拥有免于困苦和束缚的自由。这样一个理想构成了一个可据以无穷接近的“界限”，我们必须竭力为之而奋斗，因为在尘世间我们只能逐步地接近它。

如果我们把这个理想理解为所有人相互之间的互助行动，以及把它理解为其所隐含的“新人”的胜利，那么，该理想就与某种超越历史的东西联系在一起，并代表一种对人类历史而言的“神话”——亦即世俗历史所需要的那种“神话”。如果我们把这个理想理解为人类在其中通过文明和共同生活结构逐步建立起来的状

态，那么该理想所涉及的就是历史本身，并代表一种“具体的历史理想”，这种理想以一种尽管不完全但却是积极的方式被加以实现。正是要趋向这样一种理想，所以该共同体必须足够强大。一种符合我们本性的共同生活的出现，一种即将赢得胜利的自由以及在文明（亦即一种由更高尚的德性而不是公民德性所激发的文明）的核心地带而被建立起来的友爱——所有这些东西都刻画了我们须为之努力、奋斗乃至牺牲的历史理想。与纳粹所设想的20世纪的神话不同，同时也与德意志种族主义的先知们许诺给他们的民众的那种千禧年式的野蛮统治不同，一种更为伟大的希望必须涌现出来，一种更加无畏的承诺必须许诺给人类。“上帝的影像”（God's image）这一真理在本性上印刻于我们身上，自由和博爱，所有这些东西都没有过时。如果我们的文明正处于死亡的剧痛中，那这既不是因为它做了过多冒险的事情，也不是因为它向人们希冀过多，而是因为它尚未做足够多的冒险，是因为它所希冀的还远远不够。在人们真正地和勇敢地追求、热爱真理、自由和博爱并为之奋斗的条件之下，它将获得复兴，一种新的文明将由之而诞生。

二　人的权利

第 12 章　政治人本主义

上一章所勾勒的政治社会观念，在我看来，建立在人的本性以及人的人格性的实在性的基础之上，并且它是以一种必然的方式从其自身的原则中发展出来的。它所代表的是在我看来正确的政治哲学，并且是唯一正确的政治哲学。如果我们要给它取一个名字，我们可以把它称为**人本主义**的政治哲学（humanist political philosophy），或一种政治人本主义（a political humanism）。

相比于一种特殊的政府形式，亦即相比于一种“政体”（就这个词从著名的亚里士多德式的分类法开始而拥有的那种含义而言），这样一种政治哲学是某种更为宽广且更为深刻的政治哲学。政治人本主义的一些核心要求已在诸多政体中获得实现，在这个意义上，这些政体从它那里获得了坚实的基础，并据此而得到证成；在亚里士多德所界定的三类政体中，这一点尤为如此：君主政体——就其共同善观念而言——其主旨在于力量和统一性；贵族政体的主旨在于价值的分化，以及生产最高贵和最稀有的价值；民主政体（为符合亚里士多德所用之术语，我们可将其称为共和政体）之主旨在于自由。此外，如果我们不考虑一个特定的民族在某个特定的时刻所身处的特殊情境以及历史的必然要求，那么政治人本主义所认为的最好的政体就是一种混合政体，在其中，这三类经典的政体,或这三类抽象的或这三种纯粹的形式所拥有的典型特征被有机地统合在一起,但这还不够。这三类经典的政府形式并不以一种平等的方式和在单一的意义上实现人本主义政治哲学所提出的要求。它们只是以或完善或不完善的方式近似地实现它们。这种哲学往往赋予人以及自由的征程以首要的重要性,从而使我们确信,君主政体和贵族政体通常是通往一个混合的、在根本意义上是共和的政体的阶段,从而在其共和制的形式中保留了君主政体和贵族政体所独有的那些尽管是被超越了的优势——亦即力量和统一性以及价值的分化,并将这些优势吸纳进它自己的优势——亦即扩展的自由、人的自主性以及人的不断的解放——中去。

一种错误的生活哲学,它把人的自由意志看作是整个社会和道德秩序的最高统治原则;将普罗大众看成是一个傀儡式的上帝,不服从任何一个人,但却完全将其权力交付给作为其化身的国家;将所有的人类价值,特别是劳动,看成是可用以交换财富的商品,并且可以使他和平地享有物质性的物品;将民主或革命看成是一些抱持无神论观点的人所构成的一个天堂般的耶路撒冷。这一错误的生活哲学已在很大程度上削弱了真正的现代民主制原则,从而使得人们有时有可能将这一错误的生活哲学错误地看成是民主的真正本质。但是,我们的国父们在民主中所真正珍视的东西——亦即被理解为趋向正义和法律以及趋向人之解放的民主——源于一种完全不同的哲学,这种哲学的渊源是基督教的福音学说。在我们这个极度混乱的时代,各个自由的民族都被迫参与到这场争夺真理的残酷斗争中,而这些真理正是与人类解放的真正的原则不相分离的。只有经历这一苦难,他们才逐渐地看清事情的本来面目。

因此，“民主”这个词已引发太多的混淆和误解，所以有时候似乎最好是重新找寻一个新的词语来指称“一个由自由人构成的共和国”这个理想。但是，在实践领域，词语的选择并不取决于哲学家，而是取决于人们的使用以及人们的共同意识。而且最为重要的是重新发现那些承载着伟大人类希望的词语的真正含义和价值，并通过建立在真理之上的确信而将某种风格赋予它们。我们可以说，我所试图要勾勒的那种政治哲学（亦即人本主义的政治哲学），以及我所没描述的那种政体（亦即吻合此种哲学精神，并以一种与我们这个时代的条件和可能性相吻合的方式实现这种哲学所提出的那些要求的共和主义政体），为我们界定了那种“新的民主”，这种民主是眼下这一生死决斗的关键。

让我们总结下在前面的分析中所遇到的那个健全的政治社会的主旨：重新归复至个体的共同善；引导着自由人趋向共同善的政治权威；共同善和政治生活所具有的内在的道德性。社会组织所具有的那种人格主义的、共同体式的和多元主义的观念；公民社会和宗教之间的有机联系，没有宗教的强迫或教权主义，换言之，就是一个真正的，而非伪饰性的基督教社会。法律和正义，以及它所蕴含的公民友谊和平等，是社会结构、社会生活以及社会和平的核心原则。自由和博爱理念所激发的共同使命，作为其最终的目的，旨在建立一个互助互爱的城邦，而使人免于奴役和痛苦。

所以我们可以很容易地看到，一个健全的政治社会所具有的这些特征，都为之前的中产阶级的个人主义和现今的极权主义（其最恶劣的形式就是纳粹的种族主义），从不同的视角予以否认或漠视。当然，如果理智、善良意志和创造性的活力仍普遍盛行的话，人们在这场战争之后，显然会在废墟之中，重新建立起某种新的东西。

第 13 章　动物性与人格性

在作更为具体的考察之前，我想再次指出，如果一种合理的政治观念在根本意义上依赖于对人的观念关注，那么与此同时我们也必须要牢记这样一个事实：亦即这个人是一个被赋予理性的动物，动物性在这样一个机体中占有很大的成分。本能、感觉和非理性的东西在社会和政治生活中要比在个人生活中扮演更为重要的角色。所以这意味着，在一个政治体中，教育、将非理性的事物驯化成为理性的事物以及道德德性的培养须始终予以追求；同时，这也意味着一个政治体必然始终处于一种充满张力的状态，并且必须防止分裂和瓦解这些永远都伴随着它的内在的和外在的危险；这还意味着，权威，除了引导自由人趋向共同善这一本质性功能之外，还必须发挥一些辅助性功能，不仅仅是惩罚那些破坏国家法律的人，而且还要对那些仍像未成年人那样行事的人进行道德引导和道德规训；这还意味着，很多的恶，以及或多或少并不纯粹的集体感和群体本能，都必须予以宽容——对于这些事物，你根本不可能在不引发更严重的罪恶的情况下通过外在高压和法律使之消弭。

另一方面，我们可以看到，在政治共同体中，各种习俗、各种已确立起来的传统、各种承袭下来的本能，以及在无意识中积累起来

的经验，往往与制度的日常运作相互协作，以便用以指引意识和理性的活动并使其稳定化，同时也是为了当理智不是根植于那些深层次的倾向的时候，使人摆脱理智所遭遇的波动和徘徊。对于那些重要的历史变化和历史危机来讲，它们往往都伴随着非理性力量的爆发。认识到这一点，我们便会明白，某些革命的爆发往往是为了要释放某些非理性的力量和邪恶的激情，以获得一种足以将人们凝聚在一起的能量。纳粹革命遵循着这条道路，并且为了达致其目的，而依赖于那种显然是无节制的邪恶的和毁灭性的力量。这意味着将不幸带给人们，并任由自己受恶魔的诱使。任何一次有成效的和具有创造性的革命都伴随着唤起人心中最好的东西，激发正当的激情和慷慨的本能；不合理的强力和邪恶本能的力量自发地结合在一起；向它们提出抗议是没有用的，而是要与它们战斗。

最后，到目前为止，我们还远没有从动物性中摆脱出来；在我们身上还存在着大量的怨恨、潜在的野性以及扭曲，所以，我们只能说，历史的条件以及仍处于较低发展层面的人性使得社会生活很难完全达致它的目的。由此，为了使我们在前一章中所讲的那种历史理想能够得到实现，为了实现人性的解放和统合，我们不仅要考虑几个世纪的人类史，而且要考虑整个的人类史。在我们所达致的每一个阶段，我们所能期许的只能是一种更好的但仍不完全的和不稳定的状态，更不要说我们偶然也会重新滑落到野蛮状态。

在此意义上，一种以实在为基础的政治哲学似乎必须与以下两种相互对立的错误做斗争：一方面是反对一种乐观主义的虚假观念论，这种观念论从卢梭开始一直到列宁，它许诺给人们以错误的希望，并在急切地实现这些虚假希望的时候，歪曲了他们所期许的解放；另一方面则是反对一种悲观主义的虚假实在论，这种实在论从马基雅维利开始一直到希特勒，它将人置于暴力之下，而仅只保有奴役人的动物性。

第14章　自然法

我在上文的系列反思中所勾勒出来的大概轮廓是总论性的。如果我们的目的是要充实这个轮廓，我们就要对某些核心要点进行具体的讨论，特别是以下几个要点：人的平等性、存在于一个由自由人构成的国家中的权威、多元主义建制。

要以一种哲学的方式探讨人的权利问题（本文的目的即旨在于此），我们就必须首先考察何谓自然法这个问题。有些人认为自然法是美国革命和法国革命的一种创造。各类反对革命的人士花费了大量的精力来宣传这个谬论；不幸的是，在他们试图败坏自然法观念名声的时候，他们一方面在路德派（Lutheran）或詹森派传统（Jansenist tradition）内的某些宗教思想家的悲观主义那里找到了同盟，另一方面则在当代一些法学家（特别是实证主义阵营的法学家）那里找到了同盟；顺带说下，这些人所攻击的实际上是一种错误的自然法观念，他们在摧毁这种观念的时候，所摧毁的只是从一些廉价低俗的教科书中所获得的一个“稻草人”般的观念而已。

自然法观念是基督教和古典思想的一份遗产。这个观念不能被追溯至18世纪的哲学，这种哲学或多或少败坏了这一观念，相反，我们需将之追溯至格劳秀斯（Grotius），以及在他之前的苏亚雷斯(Suarez)和维多利亚(Francisco de Vitoria);并可进一步追溯至圣托马斯·阿奎那;甚至可再追溯至圣奥古斯丁以及教父们,乃至圣保罗;再往前还可追溯至西塞罗、斯多葛学派,古代世界的伟大道德学家们以及伟大的诗人,特别是索福克勒斯(Sophocles)。安提戈涅(Antigone)是代表着自然法的永恒的女英雄,古代人将其称为不成文法,这是一个非常恰当的名称。

在此,因为没有足够的篇幅来讨论那些错误的自然法观念(你们经常可以看到一些非常机敏的哲学家以绝妙的方式为其进行辩护),所以,我将把以下看法看成是理所当然的,亦即你会承认存在一种人性,而且这种人性在所有人身上都是一样的;同时,你也会承认人是一种被赋予理智的存在者,人在行动的时候对于他自己的所作所为是完全知晓的,所以他有权力由自己来决定他所追求的目的。另一方面,因为他拥有一种本性,亦即是以一种被给予的、已被规定了的方式被建构而成的,所以他显然拥有一些对应于他的自然构造的目的,这些目的对于所有人来讲都是一样的——例如所有的钢琴,无论它们是哪种型号,也不论它们有何种缺陷,它们都有一个共同的目的,就是发出和谐的声音。如果这些钢琴不发出和谐的声音,那么就必须对其进行调试,或作为无用之物将之抛弃。但是因为人被赋予了理智并且可以规定他自己的目的,所以他能调整他自己,以便使之与"由自然加诸给他的那些目的"相协调。这意味着,基于人类之本性,存在着一种人类理性可以发现的秩序或倾向,人类意志活动必须根据这一秩序和倾向,以便使其自身符合于人类的必然目的。这便是自然法这一不成文法。

古代的伟大哲学家们都知道,基督教的思想家们则更明白,自

然来源于上帝，不成文法来源于永恒法，在此，永恒法便是“创世智慧”(Creative Wisdom)本身。这便是自然法或不成文法的观念为何在他们看来是与自然虔诚感，亦即与安提戈涅所表达的那种深层次的神圣的尊重联系在一起的原因。因为他们知道，在那些信仰上帝的人的身上，相比于其他人，往往有着一种对于真正的自然法原则坚定且不可动摇的信念。对于人的本性以及人的自由的坚信，其本身就足以让我们相信，在此有着一种不成文的法，同时亦足以让我们相信，自然法是某种在道德领域中真实存在的东西，好比在自然领域中存在着生长和衰败的法则一样。

“法”和“对于法的认识”是两种不同的东西。不知道法的人(只要这种不知晓不是源于某种失误)在法面前可以不负责任。知道存在法并不必然意味着他知道这法是什么。正是因为这一非常简单的区分被遗忘了，从而使得诸多有关不成文法的困惑孕育而生。他们说，这种法是镌刻在人心之上的。是的，但它却以极其隐秘的深度镌刻在人心之上，就好比我们自己的心灵潜藏在我们背后一样。这个比喻本身引发了大量的误解，使得人们把自然法看成是存在于每一个人的良心中的一部被封存起来的现成的法典；由此使人们错误地认为，要认识自然法，每一个人只需将其打开即可，所有的人在本性上都应当会拥有有关自然法的相等的认识。

自然法不是一部成文法。人们往往是通过多少有些困难的方式来认识它的，并且往往是以不同的程度，好比在其他地方会犯错一样，在认识自然法的时候也会有犯错的风险。所有的人在本性上所普遍拥有的唯一一种实践知识就是：我们必须做好事且避免坏事。但这还只是自然法的序幕和原则,并不是自然法本身。自然法就是以一种必然的方式从“人是人”这个纯然的事实(而不考虑任何其他要素)推导出来的当为之事和不当为之事的总和。在确定当为之事和不当为之事的时候,必然会产生各类错误和偏差,这说明我们的眼光是短浅的,而且大量的偶然事件会扰乱我们的判断。蒙田(Montaigne)以恶意的方式这么说道:在某些族群中,乱伦和偷窃被认为是有德性的行为。帕斯卡尔对此便感到无比震惊。如果说根据纳粹教条而被教育而成的年轻人,把残忍、告发父母、为服务党而撒谎、杀害老弱之人看成是有德性的行为,那么我们也必会对此感到震惊。所有这些都无法被用来反对自然法,就好比算术中的错误无法被用来反对算术本身,或原始人的某些错误——他们认为星星就是天穹上的一些洞——无法被用来反对天文学一样。

自然法是一部不成文法。人们对于它的认识随着道德良知的发展而逐步得到提升。道德良知在最开始的时候往往处在一种模糊状态。[①] 人类学家们告诉我们,道德良知最初是在部落生活的基本要素以及巫术中形成的。这只能够证明,自然法的观念最初是浸润在仪礼和神话中的,只是逐步地从它们那里独立出来,就好比自然的观念逐步从它们那里独立出来一样;人们所拥有的有关不成文法的知识经历了诸多不同的形式和阶段,比哲学家们和神学家们所认为的还要多。我们自己的道德良知所拥有的有关不成

① 参见蕾伊莎·马里旦(Raïssa Maritain):《道德良知和自然状态》(*La Conscience Morale et l'Etat de Nature*, New York, 1942)。

文法的知识,其本身无疑也是不完善的,所以它很有可能将继续发展,并且只要人性仍旧存在,它就会变得更加完善。只有当福音嵌入到人这一实体的极深处的时候,自然法中最精华的部分和它的最完善的形式才会呈现出来。

第 15 章　自然法与人权

现在，我们必须考察这样一个事实，亦即自然法和存在于我们身上的道德良知之光并不只是规定应践行的事情和不应践行的事情，它们同时也承认权利，特别是与人的本性联系在一起的权利。人之所以拥有权利，是因为他是一个人格者、一个整体、是他自己和他自己的行动的主人，并因此不是一个达致某个目的的手段，而是一个目的，一个必须被作为目的本身予以对待的目的。"人的尊严"这个表达式所要表达的就是，基于自然法，人拥有被尊重的权利，是权利的主体，拥有各项权利。有些事物之所以被人所占有，是因为他是人这一基本事实。权利的观念和道德义务的观念是相互勾连在一起的。它们都以精神行动者所独有的自由为基础。如果人在道德上必须去做那些对于实现其命运来讲是必要的事情，那么他就有权利实现他的命运；如果他有权利实现他的命运，那么他就有权利去做那些对于实现该目的来讲是必要的事情。权利的观念甚至比道德义务的观念还要根本，因为上帝对于创造物拥有至高无上的权利，但对于他们却不负担任何道德义务（尽管祂自己有义务给予这些造物以其本性所要求的事物）。

所以，真正的人权哲学建立在自然法的基础之上。自然法为我们设定了最基本的义务，每一种法正是基于自然法而拥有其约

束力的，同时，自然法也是那种赋予我们以基本权利的法。正是因为我们置身于一种普遍的秩序中，亦即置身于宇宙的各种法则和规范中，亦即置身于由各种造物构成的庞大家族中，也就是在最终意义上置身于创世智慧的领域中，并且同时也是因为我们拥有分享精神自然的特权，所以，我们才拥有针对他人以及所有造物的权利。从根本意义上讲，每一种造物只能根据其原则[亦即纯粹行动(Pure Act)]而行动，每一个名副其实的权威只能根据存在者的原则[亦即纯粹智慧(Pure Wisdon)]而在良知中拥有其约束力；同样地，人们所拥有的每一种权利只能根据上帝所拥有的权利[亦即纯粹正义(Pure Justice)]而被人们所拥有，也就是说，每一个人都可以通过其理智而在那些被尊重、被遵从和被爱的存在物中洞见到上帝智慧所形成的秩序。

另一种与之完全对立的哲学试图把人的权利奠立在以下主张的基础之上，亦即认为人不隶属于任何法律，而只隶属于他自己的意志和自由，所以他必须“只服从他自己”，正如卢梭所指出的那样，因为每一种源于自然世界(并最终源于创世智慧)的衡量标准或规范都将同时摧毁他的自主性和他的尊严。这种哲学并没有将人的权利奠立在坚实的基础之上，因为没有任何东西能够建立在虚幻的基础之上；它放弃并挥霍着这些权利，因为它促使人们把这些权利设想为是一些本身神圣的权利，因此被认为是无限制的，放弃了任何客观的衡量标准，否认在自我主张之上施加任何限制，并在最终意义上表达人类主体的绝对独立性以及一种所谓的“绝对”的权利，这种权利被认为是基于它存在于人类主体身上所以被认为隶属于人类主体，它通过牺牲所有其他存在者而展露一个人所拥有的那些需加珍视的可能性。所以，一旦人们在各个方面遭遇困境，他们便开始相信人权的破产。某些人带着奴役者身上所具有的那种愤怒来反对这些权利；某些人尽管仍不断援引人权，但在他们的良心深处，却因受到怀疑主义的诱惑而贬低这些权利，而这种怀疑主义正是当前危机最令人警醒的症候。在我们身上，要求一种理智的和道德的革命，以便在一种真正的哲学的基础之上重建我们对于人的尊严和人的权利的信仰，并由此重新发现这种信仰真正的渊源。

有关人的尊严和人的权利的意识在古代的异教徒世界中仍尚未予以彰显，奴隶制法律便在其之上投射了一轮沉重的阴影。是上帝之音突然之间唤醒了这种意识，以一种神圣的和超验的形式向人们揭示，他们将被召唤而成为上帝王国中的子民。在那种热衷于传播福音的冲动之下，这种觉醒——亦即在自然法所提之要求方面所发生的觉醒——开始逐渐扩散开来，波及人类尘世生活的各个方面。

第16章　自然法、万民法与实在法

在此，有必要回顾一下在自然法、万民法和实在法之间所作的这个古典区分，这个区分对于文明传统来讲具有根本性意义。正如我所指出的，自然法所处理的是从第一原则——“为善避恶”——以及人是人而不是其他事物这一纯然的事实中所必然推演出来的各项权利和义务。这便是不成文法的各项律令在其自身之中以及在事物的本性中（我不讲在人们有关它们的知识中）为何是普遍且永恒的原因之所在。

对于万民法，我们难以予以准确的界定，至少对法学家来讲是如此，因为它介于自然法和实在法之间。在罗马发展出了万民法（jus gentium）的观念，在英国，它以大致相同的方式发展出了普通法（common law）的观念。尽管对于历史学家和法学家来讲，这是两个完全不同的观念，但是哲学家却将这两个观念结合在一起，从中抽象出自然法或不成文法这个观念，将其看成是超越于自然领域之外，且基于社会生活条件而被具体化。这个定义一旦获得认可，普通法这个术语就会脱离具体的英国语境，而万民法这个术语也将脱离具体的罗马语境，从而成为两个拥有同样含义的词。中世纪的基督教思想家们小心翼翼地阐发了万民法的观念。万民法或文明世界的普通法，与自然法一样，都处理从第一原则中所必然推演出来的各项权利和义务，但是在万民法这里，它设定了某些事实条件，诸如公民社会状态或各个国家之间的关系。所以，至少就这些事实条件是文明生活的普遍要素而言，万民法也是共同性的。

实在法(制定法)，或在一个特定共同体中实际有效的法体系，其所处理的是那些以偶然的方式从第一原则中推演出来的权利与义务，亦即通过某些确定的行为方式从第一原则中推演出来的权利与义务，这些确定的行为方式往往是由人的理性和意志所设定的，它们塑造和促生了一个特定共同体的习俗或法律。

但是，万民法和实在法完全是基于自然法而拥有法所具有的力量的，同时将它们自己加诸在良知之上。它们是自然法的一种扩展或一种延伸，进入到了那些不再完全受纯然的、内在的人性构造所规定的客观领域。自然法本身要求，它所未予以规定的那些东西接下来必须要予以规定；或者是基于某种既定的事实状态，而被规定为对所有人都有效的权利或义务；或者是基于吻合他们所置身的那个共同体的人类规范，而被规定为对某些特定的人有效的权利或义务。由此，在自然法、万民法和实在法之间存在一些不易察觉的过渡(至少从历史经验的视角来看是如此)。存在着一种动力机制，驱使着不成文法在人法中不断蔓延生长，并在其不断变化的处境中，促使人法变得更加完善和正当。人的权利正是依凭这一动力机制，而产生了存在于共同体中的政治性的权利形式和社会性的权利形式。

人所拥有的生存权、个人自由权以及追求道德生活之完满的权利严格来讲都属于自然法。对于物品的私人所有权，根源于自

然法[①]，但却隶属于万民法，因为对于生产资料的私人所有权预设了人类劳动及对于劳动的管理通常所要求的那些条件(这些条件将随着社会形式及其经济发展状态的不同而不同)。这种权利的具体形态将由实在法予以规定。各个民族都有不为饥饿和贫困所困扰的自由(“免于饥贫的自由”)；都有不为忧虑和恐惧所困扰的自由(“免于恐惧的自由”)，正如罗斯福总统在他的“四大自由”[②]中所定义的那样，这些自由正吻合于万民法所提出的那些诉求，这些诉求将通过实在法以及文明世界的经济组织和政治组织而得以实现。选举权将赋予我们中的每一个人以选举国家公务人员的权利，而这种权利便源于实在法。

① 参见我的著作《现代世界中的自由》(*Freedom in the Modern World*)附录一。对于物品的私人所有权是与作为人格者的人联系在一起的，它是人格者本身的一种延伸；因为他置身于物质世界中，并且自然并没有为其生存和自由提供其所需的保护，所以他必须拥有某种权力以获得和占有某些物品，从而建立起自然尚未提供给他的那种保护。另一方面，私人财产权的使用必须服务于共同善，不管以何种方式，都必须有利于所有人，因为最为重要的事情就是，自然所提供的那些物品，其目的正是要给付于人，亦即给付于一般意义上的人类。

② “(1)在世界上的每一个地方，人们都有言说和表达的自由；(2)在世界的每一个地方，每一个人都拥有以他自己的方式信仰上帝的自由；(3)免于匮乏的自由，它意味着一种经济上的共同协议，以确保每一个国家可以为其居民提供一种健康、和平的生活；(4)免于恐惧的自由，它意味着在世界范围内尽一切可能在最大程度上削减各类武装，从而使得所有国家都无法对任何其他国家发动任何实质性的侵略。”

第 17 章　拥有人格的人所拥有的权利

以哲学的方式对自然法作出以上这些解释之后，我想进一步强调人的权利，并因此完善上章所提出的有关人与政治社会之关系的考察：在此，作为一个公民，尽管人就其本身来讲只是它的一个部分，但是，他通过他所拥有的所有那些绝对的价值或某些绝对的价值，以及通过存在于人身上的一种高于时间的命运，而超越了政治社会。

正如我们之前所指出的，首先是在宗教领域中，通过福音，而使得人所具有的这一超越的尊严显现出来。自此刻起，对于这种尊严的意识，通过渗透进入我们有关自然法则和自然法的意识，并重新焕发这种意识，而逐步战胜自然秩序本身的领域。

当使徒们在答复犹太公会的时候——该公会试图阻止使徒们宣讲耶稣，认为“我们必须服从上帝而不是人”——他们肯定了上帝之名的自由使用，以及由此而得到拯救并因恩典而得到择选的人的超越性；但从隐含的意义看，出于同样的理由，他们同时亦肯定了人在自然秩序本身中的超越性，因为人是一个为了绝对之物而被创造出来的精神整体。

由此，人的超越性——在信仰和救赎的视域中，这一点显得最为明显——首次在哲学的视域中获得认可，并首次将其与自然秩序联系在一起。此外，这完全与基督教神学相吻合，它认为恩典所作的是完善自然，而不是摧毁自然。我们尤其需要强调以下事实：即便在自然秩序本身中，人也是超越于国家之上的，因为人拥有一种高于时间的命运，并促使任何一种与此命运连接在一起的东西向前推进。

这首先意味着，人在本性上祈望过一种精神的生活。亚里士多德以及古代那些智者们都知道，道德德性服务于对真理的沉思，这种沉思往往超越于政治活动之上。这意味着，如果说人性存在于神学家们所讲的“纯粹自然”的状态中，那么类似于莱布尼茨所喜闻乐见的那种精神王国，通常来讲就处于超出政治生活世界之外的那个领域。我们或许会把那个将世界上的艺术家、学者、诗人、哲学家、真正的人文主义者以及所有珍爱心智活动的人联合在一起的精神世界看成是一个自然的精神王国的典型特征。这样一个世界就是一个伟大家族的大致轮廓，它超越了所有的国界。当然，这仅仅只是一个大致的轮廓，莱布尼茨式的精神王国仅仅只是一个可能世界的假设，而在现实中，则是基于上帝的恩典，从而在皇帝、国王、议会的领域之上建立起了一个更好的王国，亦即上帝的王国，一个即将来临的时代的伟大城邦；在基督徒的眼中，教会就是这个伟大城邦的发祥地。同时，这个永恒生活的王国基于它拥有超越所有自然衡量标准的品性，而对应于存在于我们身上的精神的自然祈望。

因为人承负着一种高于时间的命运，所以他在本性上超越于国家之上，该事实可以通过其他诸多方式予以证实。

理智本身所趋向的那个真理的世界——科学的世界、智慧的世界以及诗的世界——在本性上隶属于一个高于政治共同体的领域。国家的权力和社会利益的权力不能将其自身加诸到这个世界之上(尽管在社会体之内,我们能够且必须遏制“那些可能会威胁到共同生活的基本伦理和以此为基础的原则的错误观念”的传播和扩散)①。正如我们在前一章所指出的那样,国家在某些处境之下,可以要求一名数学家教授数学,要求一名哲学家教授哲学——这些都是社会体的功能。但是国家不能强迫一名哲学家或一名数学家接受某种哲学学说或某种数学学说,因为所有这些在根本意义上都依赖于真理。

心灵和自由行动本身的奥秘,道德法则的世界,遵从并趋向上帝的良知权利——所有这些东西,在自然秩序和超自然秩序中,都无法受到国家的干预或落入它的掌控范围。无疑,法律对良知有着某种约束力,但是,之所以如此,完全是因为它是正当的,而且是由合法权威所颁布的,“多数人”或“国家”都不可能成为良知的准绳。无疑,国家拥有某种道德功能,而绝不仅仅只有物质性的功能;法律拥有一种教化的功能,引导人们发展道德德性;如果我的良知被蒙蔽,同时我又循着这种被蒙蔽的良知而做了其本身就是不法的行为,那么国家就有权利惩罚我。但是在同样的情形下,国家并没有权利要求我改变我的良知所作之判断,同时它也没有权力将它自己有关善恶的判断强加给理智的人,或对某些神圣事物

① 参见耶夫・西蒙:“自由与权威”,载《美国天主教哲学联合公报》(*Proceedings of the American Catholic Philosophical Association*, Catholic University of American, Washington, D.C.)1940 年第 16 届年会。

进行立法，甚或强加某种宗教信仰。对此，国家深谙此道。这也就是国家在超越其自然界限而进入到良知的圣殿的时候，为何以某种极权式的虚伪之名，通过毒害心灵以及有组织的欺骗和恐吓这样一些恶毒的手段，来侵犯这一圣殿的原因。

每一个人在决定其个人命运的时候都拥有作出他自己的决定的权利，无论是选择自己的职业，还是选择与某个男人或女人结婚，或履行某种宗教使命。在极度危险的时刻或是为了共同体的安全，国家可以强制我们每一个人为其服务，并要求我们不惜生命地参与正义的战争；同时，他也可以剥夺罪犯的某些权利（甚或是认可这样一个事实，亦即实际上是他们自己放弃了这些权利）；例如，对于那些不配享有父母权威的人。但是，如果国家将公民生活建立在强制劳动的基础之上，甚或侵犯家庭权利，而想成为人们灵魂的主人，那么，这个国家就会变成一个邪恶和专制的国家。因为人在成为政治共同体的成员之前，首先是一个人格者，是为了上帝和超越于时间之上的那种生活而存在的，所以人在成为政治共同体的成员之前，首先也是家庭社会的一分子。家庭为之而存在的目的是生产和育养人，并使之完成他们的整个使命。如果国家也拥有教化功能，如果教化不处在它的领域之外，那么国家的这种教化功能只能是帮助家庭来履行它的使命，同时辅助它履行这种使命，而不是抹杀孩子作为一个人所负有的使命，并代之以另一种使命，亦即把他变成是为了国家而存在的工具或物品。

概言之，存在以下这样一些基本权利：诸如生存权和生命权；个人自由权，以及作为他自己和他自己的行动的主人从而过自己的生活的权利，由此在上帝以及共同体的法律面前可以为其行动

负责；追求道德的和理性的人类生活之完善的权利；[①]追求永恒善的权利（如果没有这样一种追求，就不存在任何对于幸福的真正追求）；保护其身体完整的权利；私有财产权，它是一种对于个人自由的保障；根据一个人他自己的选择而结婚并组建家庭的权利，这个家庭将保障那些理应属于它的自由；结社的权利；尊重存在于每一个人身上的人类尊严，而不论他对于社会来讲是否具有经济价值——所有这些权利都根植于人（作为一个精神性的和自由的行动者）所负有的如下使命：进入绝对价值的领域，并承负一种超越时间的命运。法国《人权宣言》完全根据启蒙主义的和百科全书派的理性主义观点来型塑这些权利，从而使其含义变得模棱两可。美国《独立宣言》，尽管受到洛克和“自然宗教”的影响，但却更加忠实于人权所拥有的那种在最初意义上属于基督教式的品性。

百科全书派的理性主义（rationalism），不再把自然法看成是创世智慧（creative wisdom）的产物，而是把它看成是理性的自我揭示的产物，将自然法改造成为一部由绝对普遍正义构成的法典，他们认为这部法典是被镌刻在自然之上的，是通过理性而被发现的，是一个由几何学命题或思辨性素材构成的集合体。这种理性主义将每一类被看成是像自然本身一样普遍且必然的法律都吸纳进了这部自然法典。这是毋庸置疑的，因为根据这种错误的理性主义的视角，同时也是因为那种在古代政体的社会和政治生活中

① 追求幸福最为重要的就在于此：在尘世上，对于幸福的追求，并不在于对物质利益的追求，而是在一定的物质条件和社会条件之下，对于道德正当性、对于灵魂的力量和完善的追求。

的基督教原则受到了败坏，从而使得这种建立在基督教原则基础之上的对于权利本身的确证变成了是对于基督教传统的颠覆。“在那些最初移民美洲的清教徒看来，在17世纪的新英格兰制定他们自己的宪法的时候，这些权利拥有一种基督教的渊源。”[①]对于人的权利的意识起源于人的观念和自然法的观念，而这些观念实际上是经由诸个世纪的基督教哲学而被确立起来的。

在这些权利中，首要的权利就是顺着良知所认识到的“那条由上帝所启发的道路”而趋向永恒天命的权利。就上帝和真理而言，人们是不拥有选择权的，亦即不拥有根据他自己来选择其他某条道路的权利，因为他必须选择正确的道路，因为认识这条道路是属于他的权能范围之内的。但是，相对于国家、世俗共同体和世俗权力，他则完全拥有选择其宗教道路的自由，[②]他的良心自由是一种自然的不可侵犯的权利。[③]

上文我已提及人有组建家庭的权利，同时，家庭共同体本身也拥有属于它自己的权利。在此，人不再被看成是一个单个的人。正是基于人是共同体的一分子这一事实，使得他本人和这个共同体被赋予一些特殊的权利。家庭权利，亦即作为家庭中的父亲或母亲所拥有的权利，都属于严格意义上的自然法。

---

① 奇切斯特主教(The Bishop of Chichester):《基督教和世界秩序》(*Christianity and World Order*, Penguin Books, 1940),第104页。

② 如果这条宗教的道路走得太远，以至于不愿遵守自然法甚或破坏国家的安全，那么国家便有权利禁止并制裁这些行为。但是，这并不意味着国家在良心领域拥有权威。

③ 这便是我们为何必须把罗斯福总统所描述的那种权利理解为是“世界上的每一个人都有以他自己的方式崇拜上帝的自由”。

对于精神性的和宗教性的家庭，我们也可以说它们拥有它们自己的权利和自由，这些权利和自由同时也是处于这一精神秩序和宗教秩序中的人所享有的权利和自由。这些权利和自由属于自然法——同时，教会基于其神圣基础而援引的那种至高的权利，更不必说，肯定也是属于自然法的。

第18章　公民的权利

但是，一旦我们转至公民的权利，亦即政治权利，我们便可看到，这些权利直接源于实在法和政治共同体的基本宪制。然而，它们也以间接的方式建立在自然法的基础之上，这并不仅仅只是因为在一般的意义上人法的各项规定，通过完善自然法所留出的未予以规定的情形来实现自然法的目的，而且也是因为这种完善所采取的方式，在政治权利这个问题上，符合镌刻在人性中的那种祈望。由此，我们发现我们面对那种我在前文所讲的动态机制，实在法根据这种动态机制而在它自己的领域中表达那些在更深的层面上同时也是自然法本身所提出的要求，在此意义上，这些要求不断扩展至人法的领域。人法正是通过不断吻合自然法的基本要求，从而达致更高程度的正义和完善的。

亚里士多德所讲的“人是政治的动物”这一著名的说法，其含义并不仅仅只是说人在本性上要求生活在社会中，同时也指人在本性上要求过一种政治的生活，并积极地参与政治共同体的生活。政治自由和政治权利，并且特别是参政权，便是建立在有关人性的这一假设的基础之上。或许，人们可以轻易地放弃积极地参与政治生活；在某些情形中，人们甚至会觉得作为政治奴隶，或消极地将他们管理共同体的使命交付给他们的领袖，会让他感到更加幸福和自由。但是，在这种情形下，他们实际上是放弃了其本性所独有的那种特权，尽管这种特权使人们的生活变得更加艰辛，且需要付出或多或少的劳动、压力和困苦，但是这种特权却是与人的尊严相称的。一种文明的状态其本身就是一种更为完善的状态，在这种状态中，人，作为单个的一个个体，通过他的自由选择而委任某些人，使其拥有权威。如果说政治权威的本质性功能在于引导自由的人趋向共同善，那么自由的人就可以通过他们自己来选择那些引导他们的人：这便是政治生活中最基本的参政形式。通过普选，每一个成年人都拥有这样一种权利：亦即通过他的选票来选举人民的代表和国家的公务人员，从而使他有关公共事务的观点为人所了解。这便是普选之所以拥有最基本的政治价值和人性价值的原因，同时也是它之所以是自由人构成的共同体永远都无法放弃的那些权利中的其中一种权利的原因。

由此我们可以看到，因为每一个人应该都能够使他的思想和他的意志在政治事务中有所体现，所以，政治社会中的成员也可以根据他们相互之间在观念和抱负上的相似性而自由地联合起来，以组成某些政党或政治学派。目前，针对政党的存在，已有诸多反对意见；就政党行为之滥用而致使其功能受到损坏而言，对于政党存在本身的指责是有道理的，而且这些滥用已使欧洲的民主制变得瘫痪和腐化。然而，这些不好的东西并不内在于团体这个观念本身，这些团体的多样性对应于存在于政治共同体成员之间在视角和实践观念上的本质上的多样性。此外，我们先前已指出，[1]在极权主义国家那里所建立起来的一党制，并没有消除人类的邪恶，而是将人类的邪恶和专制（这种专制正是民主制的对手指责政党体制时所经常诉诸的一个理由）带至了一个顶点。极权主义的一党制是最恶劣和最不幸的政党形式。我们要求建立的那种新的民主，其目的并不在于废除政党，而是要以某种特定的方式来规范国家的构成，亦即规范立法机构和政府机构的构成，进而使得政府机构——尽管在涉及重大利益的事务上受制于立法机构——能够不受党派的支配。这个问题并不是一个天方夜谭，相反，这样一种重组在一个新的民主制国家中完全是可以设想的。

我首先强调了公民的权利，亦即个人作为公民所享有的权利。一种真正的政治民主制便根植于此。另一方面，正如我在上文论及家庭这个主题时所指出的那样，当人被看成是一个团体的一员时，那些被认为归属于他的权利，同时也是该团体所享有的权利。所以在此，公民的权利与人民的权利是同一样东西。人民所拥有的通过其自身的选择而将某种政府形式和宪制形式加诸在其自身之上的权利是一种最基本和最为首要的政治权利。这样一种权利仅只受到正义和自然法所提出的要求的限制。此外，为了保障人民的这些权利，政治国家的宪制形式具有首要的必要性。所有文明的民族都会拥有一种基本的宪制，但是在过去，这一基本宪制更

① 参见耶夫·西蒙（Yves Simon）："托马斯主义和民主"（Thomism and Democracy），载《科学、哲学和宗教会议论文集》（*Conference on Science, Philosophy and Religion*, Volume III, New York）。

是一种传统和人民同意的产物，而不是一种法律制度。以法律的方式予以设想和建立起来的宪制——亦即通过人民的意志来自由地决定生活于某些政治形式之下——相当于是在政治意识和政治组织上获得了进步。这便是真正的民主制的典型特征。通过人民而建立起来的宪制就是人民的法（the right of the people），就像公民所享有的权利和自由就是公民的法（the right of the civic person）一样。

公民还拥有其他一些权利，特别是以下这样一些权利，我们可将其概括为三类平等权：（1）政治平等权，亦即保障身处国家之内的每一个公民的地位、安全和自由；（2）所有人在法律面前的平等权，这种平等权隐含着一种独立的司法权，这种司法权使得每一个人都拥有可诉诸法律的权利，并且人们只有在违背法律的时候才受到法律的约束；（3）所有的公民都拥有根据其能力而参与公共事务的平等权，以及可以自由地从事各种不同的职业，不受任何种族或社会的歧视。由此我们可以说，一个国家的公民所享有的那些特权是与他们所具有的严格意义上的政治地位和他们参与国家的管理（诸如通过选举权之行使而参与的管理）联系在一起的。除此之外，公民的权利还是每一个人，不管是公民还是外国人，所享有的权利，这些人因为驻留在这个国家，并且因为这个国家尊重万民法，所以他们被认为与该国公民一起分享一种文明的生活。[1]

上文的所有这些分析，我完全将重点放在了那些核心要点之上。下面，我想就结社权和表达自由权再作两点进一步的评论。

① 参见附录一。

结社权是一种自然权利，当它为国家所批准并在涉及共同善的问题上受到国家的规范的时候（国家拥有禁止和取消某些社团的权利，诸如恶人的结社，威胁到公共利益的敌人的结社，同时，这种禁止和取消所采取的不是一种独断的方式，而是根据适当的司法制度所作出的决定），它便以一种政治的形式表现出来。在我看来，我们所知道的言论自由和表达自由，如果用研究自由和讨论自由这个术语予以表达可能更为恰当。这样一种自由拥有一种严格意义上的政治价值，因为对于在共同体中扩大和传播真理及善这一共同使命来讲，它是一个必要条件。研究自由是一种基本的自然权利，因为人的本性就在于寻求真理。传播人们自认为是正确的观念的自由同时也是一种自然的祈望，但是，与结社自由一样，它也要受到实在法的规制。有一种观点认为，每一种思想，因为它是出于人类理智这一纯粹事实，就认为它拥有在政治共同体中被传播的权利，在我看来，这一观点绝不是正确的。政治共同体拥有以下权利，亦即反对谎言和污蔑之辞的传播；反对那些把道德败坏作为其目的的活动；反对那些把摧毁国家和共同生活的基础作为其目的的事物。但是在我看来，至少在和平年代，审查和管制是实现政治共同体的上述活动的最糟糕的方式。因为还有其他一些更好的方式，尤其是共同良知和公共舆论所自发产生的那种压力，这种压力源于被稳固建立起来的民族性。总之，无论如何我都认为，一个民主社会并不是一个没有武装的社会，对于这样一个没有武装的社会来讲，自由的敌人可以以自由之名轻而易举地将其变成一个屠宰场。正是因为它是一个自由人联合而成的共和国，所以它必须以某种特定的力量来保护它自己，以反对那些出于原则而拒绝接受甚至试图摧毁该政体的共同生活的基础的人，这些基础包括自由、合作以及相互尊重。在此，将自由人的社会和专制社会区分开来的东西在于，在自由人的社会那里，对于那些破坏性的自由权进行的限制必须辅之以对于正义和法律的制度性保障。

在我看来，有效地保障自由，以反对那些利用自由之名以达摧毁自由之目的的人这一问题，只有通过将社会重新建立在一个有机的和多元的基础(an organic and pluralist basis)之上，才能够得到有效的解决。这同时也假定，我们所要应对的将是这样一种政体，该政体不再以金钱和各种占有式符号的自我扩张权为基础，而是以人的价值和劳动目的为基础，在此，由资本主义经济所引发的阶级斗争将与资本主义经济本身一起被超越和克服，而它同时也将建立在劳动者的社会权利和公民的政治权利的基础之上。

第 19 章　劳动者的权利

在此，我们再来探讨第三个范畴的权利：社会人的权利，更为具体地讲就是劳动者的权利。一般而言，一个新的文明时代应当承认和界定人在其社会、经济和文化活动方面的各项权利——生产者和消费者的权利、技术者的权利、从事脑力劳动的人的权利。但是最为迫切的问题是有关那些从事劳作的人的权利。

组织上的进步和意识上的进步，这两者是同时发生的。在这里，我想重复我在另一本书[①]中所指出的要点。从这一视角出发我们可以看到，在 19 世纪所出现的主要现象是劳动者和劳动组织开始拥有一种自我意识(prise de conscience)。尽管这一现象所影响的是经济生活和世俗秩序，但是这一发展在根本意义上却是精神领域和道德领域中的发展，而且正是在此方面的发展赋予它以重要性。它是对于这样一种意识的把握，亦即意识到那个被冒犯和被羞辱的人类尊严，以及意识到现代历史中劳动者的使命。它意味着向一个由人格者构成的共同体的(就其内在现实及其社会表现方面的)自由和人格的提升，这个共同体同时也最接近于人类生活的物质基底和奉献最多的那部分——亦即从事体力劳动的人

① 马里旦：《真正的人本主义》(*True Humanism*)。

构成的共同体，也就是担负劳动之责的那些人构成的共同体。

一言以蔽之，这一历史性的成就就是意识到劳动和劳动者的尊严，亦即意识到人作为劳动者所拥有的尊严。

让我们再来看下有此意识后所带来的一些后果。如果无产阶级要求被作为一名成年人予以对待，那么，基于该事实，他们就不会要求得到另一社会阶级的帮助和救助。与之相反，在下一个演进阶段，他和他自己所置身的那个上升的历史进程将担负这一首要角色。[①] 然而，这并不是通过与共同体的其他阶层脱离开来，以实施马克思主义者所认为的那种阶级专政，亦即让劳动者和农民扮演那种激发人和重塑人的角色。与之相反，他们是通过自我教育和自我组织，通过让他们自己意识到他们在共同体中所负担的责任，以及通过将所有要素（无论他们属于哪个阶层，他们都注定要与其他人一起为人类自由而劳作）在他们的使命中统合起来，从而担负起那一首要角色的。

同样地，我们可以更为清晰地看到，劳动者的权利是如何从共同意识中脱胎而出，而逐渐型塑而成的。首先，存在一种要求给予公平工资的权利，因为人的劳动并不是一件隶属于纯粹的供求法则的商品；它所产生的报酬必须是劳动者及其家庭可以过上一种与当前社会的通常状况相适应的体面的生活。随着经济体系的转变，人法无疑也会承认其他一些劳动权利。但是，只有这一体系在根本意义上被予以重构的时候，劳动的权利，亦即每一个人所享有的能够找到能为他自己和他的家人提供生活所需的劳动的权利，

① 参见《真正的人本主义》，第 228—229 页。

才能够在现实中得到实现;一旦人们意识到这种权利,必将会产生一种威力巨大的社会变革。

我们可以举一个具体的例子,我们有理由相信,在某些行业中,有可能会产生一种共同所有制和共同管理制来取代原先的工资制,同时我们也有理由相信,随着经济组织的发展,技术劳动者和社会劳动者会逐渐获得一种新的权利:亦即一种所谓的劳动者特权(the worker's title),这种权利将确保一个人被雇佣而从事的事情是真正适合于他的,是在法律上与他的人格联系在一起的,同时也将确保这个人的活动将在其所从事的领域中拥有一个可提升的空间。我们还可以设想,在眼下这种战争——它所代表的是一场革命性的世界危机——结束之后,人类的社会和经济生活状态,财产体系和生产体系都将在根本意义上发生改变,同时,我们亦可以设想,眼下这一以财富为中心的体系无论如何都将让位于一种新的生活体系,同时,这一新的生活体系也将由于其赖以为荣的到底是人格主义精神还是极权主义精神而变得更好或更坏。对于思想来讲,问题的关键在于大胆的设想。

让我们重新回到我们的论题,亦即对劳动者权利的考察。作为单个人的劳动者所享有的权利是与劳动者所联合而成的团体——亦即贸易联盟和其他志愿团体——所享有的权利联系在一起的,在这些权利中,最为重要的一种权利就是"组织的自由"(the freedom to organize)。这种自由包括:劳动者根据他们自己的选择而在贸易联盟中将他们自己组织在一起的自由;贸易联盟本身的自主性;以他们认为适当的方式联合在一起的自由,在此,国家没有权利通过强制力将他们统合在一起或聚集在一起;他们有使用法律所赋予的“自然性武力”的自由，特别是罢工的权利(除在国家的紧急状态之外)。这种自由源于以实在法为强力后盾的“结社”这一自然权利，它是据以产生一种新的经济组织的基本条件。

在此所包含的便是我在上文所提及的那种对于劳动之崇高性的意识，亦即对于存在于劳动者身上的人权的意识；劳动者根据此种权利，不是作为一名孩童或一名仆人，而是作为一名成年人，而与他的雇主处于一种正义的关系之中。在此，存在一种本质性的资源，它远远超越了所有纯粹经济性的和社会技术性的问题，因为它是一个道德的资源，在其精神这一深层维度上影响着人们。如果劳动者所享有的权利和尊严不是建立在这一基础之上，那么，贸易联盟或合作组织完全有可能转而变成一种专制。

就人目前所发生的这些事件而言，我们必须要注意，在战争所带来的各种破坏之上，一种新的现象正在发生，特别是在英国以及仍然在为自由而战斗的处于法国国内和国外的那些法国人那里。很多的社会主义者和很多的基督徒似乎都在修正和重新构造他们的社会概念，并且与此同时，他们相互之间也变得越来越接近。在此，我们中的每一个人都必须抵制源于过去思维习惯的某些诱惑。

那种源于古老的社会主义概念的诱惑赋予经济技术以首要的位置，由此而倾向于将所有的事情都委托给规划着所有事物的国家权力，以及委托给科学式的和官僚式的体制；而这显然会导向一种以技术官僚为基础的极权主义，不管我们愿意与否。应被用以激发重构之使命的不是这种数学化了的理性主义，而是一种专注于人的目的和手段的实践性的和实验性的智慧。由此，计划经济这个理念应被代之以一个新的理念，该理念建立在“逐步调试”的基础之上，源于将生产者和消费者组织在一起的“自发机构”的活动以及它们相互之间的张力；在这个意义上，我们更应去谈论一种调适性的经济而不是计划经济。同样地，“集体主义”(collectivisation)这个理念也应被代之以生产手段的共同所有或企业的联合所有。除了那些拥有共同利益的领域之外(人们往往期待在此出现公共服务)，共有体制将尽可能地以共同所有制来取代工资制，从而应当取代资本主义体制。由此，劳动者将参与共同的管理，而从另外一个角度，我们也可以看到，现代技术的进步也使得某种去中心化得以可能。当我谈论所有权的共有形式的时候，我所想到的是一种人与人之间(管理技术人员、劳动者和投资者)的联合，完全不同于当前体制下的那种资本的联合。我所设想的是一种人与人之间的联合，在这种联合中，私人企业的共同所有——它本身就嵌浸于一个组织化的劳动共同体中——将是我们之前所讨论的“劳动者权利”的保障者，同时也会产生这样的一个后果，亦即形成我们所共同拥有的资产并使其获得发展。[①]

那种源于某些基督教圈子的古老概念的诱惑便是家长主义的诱惑。这种诱惑倾向于认为，劳动阶级的状态的改善依赖于新的管理手段，以及依赖于其作为家长的权威意识到他们所负担的义务，好比家长意识到他们对于其孩子负担的义务一样。这样一种观念倾向于把劳动者看成是一个未成年人，这在根本意义上是与

① 参见《真正的人本主义》(*True Humanism*)，第181—183页。在农业生产的层面上，会引出其他一些问题。在此，无论工业化应当扮演何种角色，这种角色都必须是次要的。在我们所展望的那种状态中，生产手段的私人所有制应当仍集中在家庭经济中，而合作组织本身则应被引导以服务于这种经济。

我之前极力强调的劳动者权利和社会尊严意识相背离的。另一种诱惑是一种“社团主义”(corporatism)的诱惑，这种社团主义被认为是在不超越资本主义经济的条件下消除阶级斗争的一种手段。那些受此诱惑影响的人倾向于一种对立于天主教原理的国家社团主义，无论我们愿意与否，这种社团主义其本身必然会导向法西斯主义，亦即一种政治极权主义，这种极权主义并不旨在为其统治阶级保有自由甚或他们的财产，而是他们所独有的一些特权。这种“社团”观念甚或专业团体的观念——恰如教皇皮乌斯十一世在其通谕中所提出的那样——其本身并不带有上述这样一些含义。但是“社团”这个词语已因法西斯主义国家对它的使用而被歪曲和败坏，成为服务于极权主义利益的“国家机关”的同义词，所以，我们最好用另一个词来代替它，比如“劳动共同体”或“生产团体”这样的词。无论如何，最为重要的是要明白，将经济构筑在一种合作原则之上的任何一种重构都必须被设想为是一种自下而上的建构：亦即根据人格主义民主制原则，赋予所有相关政党以普选权，从而使其积极地参与其中，根据它们的自由联合而自下而上地实现此种重构。与任何一种独裁不同——无论是社团式的独裁、家长式的独裁还是集权式国家的独裁，结社自由以及低于国家的某个阶层的结合，它们作为道德人格而拥有的某种在制度上得到承认的属性，以及在其自身的范围内而被赋予的某种司法裁判权，所有这些都必须被看成是过渡至“本真的人本主义政体”的一个根本性条件。

无论它们抱持社会主义学说还是基督教学说，大量拥有善良意志的人，在吸取我们的磨难教训之后，开始逐步摆脱我在上文所

讲的那些诱惑和思想偏见。从这一视角来看，我们必须构造出一些新的观念。我相信这些观念必须反对古典的国家主权观念，不仅仅是在国际领域中反对它，也就是说，在这个领域，为了达致一种自由民族的联盟，各个国家都必须放弃“绝对主权”这一特权；而且在国内领域中，也要反对国家主权观念，在此，就经济这个特殊领域而言，也就是说，就建立在个人自由和社团自由基础之上的经济组织和社会组织而言，国家所承当的只能是调解和调控的角色。在此，我们必须要守护一种根本性的真理：亦即政治秩序与经济秩序之间的区分，也就是国家的政治结构和社会的经济组织之间的区分。“经济国家”这个理念是一个怪物。拥有类似于金字塔式结构的经济组织，必须被看成是公民社会的一个机构，而不是国家的一个机构。

最高的国民经济政策往往会影响到整个国家，同时，该政策也与国际经济生活有着紧密的联系（在未来，这种国际经济生活必然会成为一种有秩序的生活），所以，在这个意义上，就政治领域拥有掌控经济领域的权威而言，国家必须控制和引导这一最高的国民经济政策。政治生活和国家组织影响着人们的共同生活和他们的共同使命，这一共同生活需要整个社会体的和谐、和平与力量，并且必须致力于自由的扩展，同时亦应把建立一个互爱互助的城邦作为其最高的理想；它们是一个比经济生活和经济组织更高的领域。正如我在前文所指出的那样，国家的政治结构把承认人们拥有参与政治生活的权利置于其根基处。它必须建立在政治权利和公民自由的基础之上。国家的政治生活必须表达公民的想法和公民的意志，必须考虑公共的善和公共的使命；公民的想法和意志不仅仅是一种纯粹物质性的命令，而且主要是一种道德的和真正符合人性的命令。所以，各个社团、各种贸易联盟、各种经济秩序以及各类职业团体都必须拥有常规的机制以使其意见能够为人所知晓，也就是说，它们应当扮演一种咨询性的角色。总而言之，它们并不适合于引导政治生活或塑造国家的政治结构。

与极权主义原则以及该原则所蕴含的所有那些变体不同，我所讲的这些新的观念将会强调多元主义原则的根本性价值。该原则延伸到了政治生活和社会生活的方方面面；特别是我们需要依赖它来为某些问题——亦即学派的问题以及各种不同的且有着其独特道德观念的精神团体如何在世俗共同体中和谐生活在一起的问题——提供合理的解决方案。在经济领域中，它不仅为我们之前讨论过的“团体的自主性”奠定了基础，而且也为适合于各种典型的经济生活结构，特别是适合于工业经济结构和农业经济结构的体制的多样性奠定了基础。

最后，对于劳动者的权利以及劳动者所属之团体（或共同体）所享有的权利的概述仍然是很不完善的，如果这一概述不对应于“劳动条件的民主式演化”这一理念，那又会对应于什么呢？该理念并不来源于在战争之前即已存在的那些推卸责任的辩证式冲突的方法，而是源于“一种新的有机体式的和多元主义的民主”这些规导式理念。

我们有必要重新返回来，以便对第二部分所提出的那些基本权利中的其中一种权利——每一个人所拥有的个人自由权，亦即在上帝以及共同体的法律面前可以自负责任、可以作为他自己的主人且指引他自己的生活的权利——作一个更为细致的考察，以作为本研究的结论。这样一种权利是一种自然权利，它在根本意义上所关涉的是人的最根本的祈望以及这些祈望所蕴含的活动，对此，人类的整个历史并不足以能够完全地实现它。这种权利意味着对于奴役和强制劳动的谴责，特别是在个人自由权采取更为具体的权利形式，亦即在个人自由权所表示的是“自由地选择一个人的劳动”[1]——这种权利对应于每一个人对于共同体所担负的职责——的时候，它所意味的便更是对于奴役和强制劳动的谴责。然而，古代的伟大思想家们没有想当然地来谴责奴隶制，中世纪的神学家们只是认为那种极端的奴隶制才是违背自然法的，在那里，奴隶的身体和生命，以及他的一些主要的人权，比如结婚的权利，都掌握在主人的手上。

这是因为两个因素——一方面是在现实中，劳动在物质方面和技术方面的条件，另一方面则是精神力量在集体生活中所遭受的阻碍——以一种惩罚的形式，阻碍了基本权利的正常发展。这种权利不仅反对严格意义上的奴隶制，而且也包含了一种反对“一般意义上的奴役”的祈望和希望，也就是说，反对这样一种（一个人针对另一个的）权威形式：在此，那个接受指令的人所趋向的不是**共同善**，而是服务于那个发出指令的人的**特殊的**利益，由此，他自己的活动被异化了，并将理应属于他自己的利益（亦即他自己的劳动成果）给予另一个人，换言之，他变成了另一个人的一件工具。我们可以很清楚地看到，这种意义上的奴役可以采取一种不同于狭义奴隶制的形式，例如采取采邑的形式、无产阶级的形式，

---

[1] 参见第 17 章的论述。

甚或其他形式。这些与人类劳动状况联系在一起的不同的奴役形式,已经且正在随着生产技术和社会生活的技艺的提升以及精神活力在共同生活中的解放,而逐渐被取消,并且在将来,也只能通过它们才能被取消。相比于在过去用牲畜来代替人力,因机器而带来的技术上的变化在现代经济中,可能会扮演一种更为重要且决定性的角色。如果人的理性足够强大,可以通过强大的技术力量克服人类历史中所引发的危机,那么,它就能够带来一种新的解放,一种更好的体制,它标志着某些奴役形式的终结,但是这种新的体制仍远没有将人的劳动从所有形式的奴役中解放出来。

就自然法来讲,由此而出现的"绝对的依附"是背离自然法的首要律令的,而其他一些稍微温和一些的奴役形式则背离自然法的其他一些次要的律令和诉求,同时也背离自然法所内涵的那种动态机制。只有在所有形式的奴役都消失掉之后——亦即在复兴这一"新的天堂"之中,这一动态机制才能够得到完满的实现。

与此同时,在消除奴役上所取得的所有进步都必须被看成是与自然法相吻合的,然而,因劳动条件的缘故而使其仍处于某种奴役之下的人,必须拥有一种补偿手段以保护他们作为人所拥有的权利。这便是资本主义体制下劳工组织所扮演的一项功能。无论新的体制会如何,劳工组织的此项功能需一直被保留下来,特别是在工资制度仍发挥主导性作用的那些经济部门。在一个有机的经济体系中,对于那些基于各种不同的理由而仍处于贸易联盟和劳工组织之外,或尚没有得到这些组织保护的人,将构成一群被奴役的贫民。他们必须获得帮助和保护,并组织起来以保护他们的劳动权利。

最后，那一促使人类劳动从奴役中解放出来的法则并不是唯一需加考察的。将人类生活从自然困苦中解放出来所对应的是人的其他一些权利；各种社会服务形式和养老保险形式无疑是这些权利的保障机制；如果这些机制是一些多元主义式的机制（在此，所谓的多元主义，并不是要排除国家在其中所扮演的角色，而是要降低国家所扮演的角色），而不是国家支配式的机制，那么它们无疑会给这些权利提供更好的保障。一个更为根本的法律要求所有人——就这些人是共同善的共同继承人而言——都应该自由地分享文明所提供的那些基本善（既包括物质性的，也包括精神性的），并且在共同体及其有机组织能够为构成该文明的人提供免费的基本善的前提下，帮助他们摆脱物质必需品的束缚，使其往理性生活和德性生活的方向发展。

与上一章一样，本章的结尾也将作与之相同的考察。人性的这一曲行式的进步所趋向的是人的解放；由此，在政治领域，以及在经济和社会领域中，各种不同的奴役形式——它们将一个人置于另一个人的掌控之下，使之服务于另一个人的特定利益并作为他的工具——将随着人类历史的进程，而在一定程度上被袪除。这不仅意味着向更好的组织形态发展，而且还意味着人们更好地意识到了存在于我们身上的“人的尊严”，以及意识到了存在于所有人类生活价值中的“爱”的首要性。在这个意义上，我们将迈向自由的征程。

从这一最终审判中将产生一种真正的重构，在这个意义上，它必须将其自身建立在肯定和承认所有种类的自由——包括精神的自由、政治的自由、社会的自由和劳作的自由——的基础之上。我们只有真正地信赖人民——亦即那些付出劳动、艰辛以及在需要的时候付出血汗的人民——才能够看到从废墟中重新开始一种真正意义上的重构。文明只有在与人民连接在一起才能找到它最后的机会。

第 20 章　诸权利概览

在这项研究中，我们尚未探讨那些涉及国际秩序的权利，对于这些权利的考察隶属于一个特殊的领域，在其中，最为重要的是每一个国家，无论其国土大小，都拥有的权利，包括：自由权和尊重其自主性的权利；对于庄严的誓言和条约的神圣性的尊重；和平发展的权利（如果这项权利要对所有国家都有效，那么为了它自身的发展，必将要求建立一个拥有司法权的国际共同体，并形成一种联邦式的组织形式）。在此，概要性地列举我们已谈论过的权利似乎并不是没有必要的。

拥有人格的人所拥有的权利：（1）生存权；（2）个人自由权，或作为自身之主人或其行动之主人而安排其自身之生活的权利，由此在上帝或共同体的法律面前对于他们自身负责；（3）寻求理性生活和道德生活之完善的权利；（4）沿循着被良知证实为上帝所指引的道路，从而来追求永恒生活的权利；（5）教会及其他宗教组织自由地践行其精神活动的权利；（6）追求宗教使命的权利；组建宗教组织或宗教团体的自由；（7）根据一个人他自己的选择而结婚并组建家庭的权利，由此，家庭转而也必将得到理应属于它的那些自由；（8）尊重家庭社会的基本架构的权利，这一基本架构建立在自然法的基础之上，而不是国家法

的基础之上，它在根本意义上包含着人类的道德规范；(9)保护其身体完整的权利；(10)财产权利；(11)最后，每一个人所拥有的被作为一个人来加以对待而不是被作为一个物来加以对待的权利。

公民的权利：(1)每一个公民都有积极参与政治生活的权利，特别是平等的普选权；(2)人民有创建国家宪法的权利，并为他们自己规定他们的政府形式；(3)结社的权利(只受到共同善所提出的那些在法律上被承认的紧急事态的约束)，特别是创建政党或形成政治学派的权利；(4)自由探索和自由讨论的权利(表达自由)[①]；(5)政治平等，每一个公民都有在其国家中平等地获得其安全及自由的权利；(6)每一个人都有平等地获得独立司法权保护的权利；(7)获得公共职务和自由地从事各种职业的平等机会。

社会人的权利，特别是劳动者的权利：(1)自由地选择其工作的权利；(2)自由地创建职业团体或贸易联盟的权利；(3)劳动者所拥有的被视为成年人而予以对待的权利；(4)经济团体(贸易联盟和劳动共同体)和其他社会团体享有的自由权和自主权；(5)主张合理工资的权利；从事劳动的权利；失业保险；在可用联合体制代替工资体制的地方，人们所拥有的对于企业的共同所有权和共同管理权、“劳动者”的权利；(6)获得休息、失业保险、疾病福利和社会安全的权利；(7)根据共同体所能提供的各种可能性，而免费获

① 结社权和自由探索权(及自由讨论权)包括人作为人本身而拥有的权利，但这些权利同时以一种非常重要的方式表现在政治生活领域中。

得文明所需的基本物品(既包括物质性的物品,也包括精神的物品)的权利。①

① 在此,我想特别提及下面这样一份电报,这份电报刊登在1942年4月13日的《纽约时报》上:"伦敦,4月12日:一份阐明了所有儿童所拥有的最基本的、亦即最低限度的权利——不考虑性别、宗族、民族、宗教信仰和社会地位——的章程今天被'新教育协会'所采纳。"它有六个要点,包括:每一个孩子都有获得适度之衣着、食物和居住的权利,国家必须确保这些权利,并将其作为它的职责;医疗必须提供给所有的孩子;每一个孩子都必须拥有进入全日制学校学习的平等机会;在那里,必须要有普遍的宗教教育。

附录一　国际人权宣言

国际法学会[①]，于1929年10月12日在纽约召开的会议上，正式通过了一份在当下具有特殊意义的国际人权宣言，所以将此刊印于下。

国际法学会认为，文明世界的法律良知要求承认个人的权利，以免受国家的任何侵犯；

在大多数国家的宪法中，特别是在18世纪末的美国宪法和法国宪法中所订立的权利宣言，其所制定的法律不仅仅是为了某个国家的公民，而是为了全人类；

《美国宪法第十四修正案》宣称，没有任何一个州可以“不经过正当的法律程序，而剥夺一个人的生命、自由和财产，同时在其司法管辖权范围之内，不能剥夺任何一个人所拥有的获得法律的平等保护的权利”；

美国的最高法院一致决定，根据这一修正案，在美国的司法管

---

① 国际法学会（Institut de Droit International/The Institute of International Law）：这个机构于1873年9月8日在比利时的根特成立，其宗旨在于创建一个独立于政府影响的机构，以便促进国际法的发展。该机构每两年举办一次会议，以讨论某些专门性的论题。1904年，该机构被授予诺贝尔和平奖。——译者

辖权范围之内，这一点将适用于所有人，不论其种族、肤色和国籍，同时，法律的平等保护是据以保护平等法律的一个保障；

此外，一系列的国际条约明确规定要承认人的权利；

在全球范围内传播对于人权的国际性承认是尤为重要的；

声明如下：

第一款

每一个国家都有义务承认，每一个人都有对于生命、自由和财产的平等权利，并有义务在其领土范围内给予每一个人以充分和完善的法律保护，而不管其所属之民族、性别、种族、语言或宗教。

第二款

每一个国家都有义务承认，每一个人都有自由地(既包括公共的，也包括私人的)践行那些与公共政策和良善道德规范相兼容的信念、宗教或信仰的权利。

第三款

每一个国家都有义务承认，每一个人都有自由使用他自己所选定的语言以及研习此种语言的权利。

第四款

任何以直接或间接的方式建立在性别差异、种族差异、语言差异和宗教差异的基础之上的动机，都不能促使其国家拒绝赋予其国民任何私人性的和公共性的权利，特别是进入公共教育机构的权利，以及参与不同的经济活动、职业和行业的权利。

第五款

已被给予的平等不能是名义上的，而应是实际有效的，并排除所有直接或间接的歧视。

第六款

对于任何一个因为性别、种族、语言或宗教的缘故而试图剥夺他们所拥有的由前述条款所赋予的那些权利的国家，都没有权利撤回这些人的国籍，除非是通过一般性的立法。

附录二　马里旦的思想[①]

〔加拿大〕威廉・斯威特[②]　著

吴彦　译

【按】理解马里旦的自然法思想，乃至他的道德、政治和法律思想，在根本意义上要求我们将其置设在他的总体思想框架中予以把握，因为在马里旦看来，自然法不是孤立的一种事物，而是在整个世界秩序这一总体背景之下的一个事物。不理解他的整个形而上学、认识论以及基本的道德哲学，我们就无从把握在此基础上来谈论的自然法。正是基于此，我翻译了斯威特教授这篇专门给斯

---

① 本文译自斯威特教授为《斯坦福哲学百科全书》(*Stanford Encyclopedia of Philosophy*)撰写的词条"雅克・马里旦"(Jacques Maritain)。感谢斯威特教授授权在此刊发此条目的中译本。——译者

② 〔加拿大〕威廉・斯威特(William Sweet)：加拿大圣弗兰西斯泽维尔大学哲学教授及该校"哲学、神学与文化传统研究中心"主任。斯威特教授目前还是"国际天主教哲学学会"主席，同时也是英文版《马里旦著作全集》的编者之一，他所编辑的马里旦《自然法讲义》将被收录于《马里旦著作全集》第6卷。——译者

坦福哲学百科全书撰写的介绍马里旦思想的词条，以供研读者参阅。

雅克·马里旦（1882—1973），法国哲学家和政治思想家，是20世纪托马斯主义的主要倡导者之一，同时也是圣托马斯·阿奎那思想的一位极富影响力的阐释者。

1. 生平
2. 基本背景
3. 主要贡献
   3.1　形而上学
   3.2　认识论
   3.3　自然哲学
   3.4　自然神学和宗教哲学
   3.5　道德哲学、政治哲学与法哲学
   3.6　美学与艺术哲学
4. 基本评价
5. 参考文献

1. 生平

雅克·马里旦于1882年11月18日出生于巴黎。他是知名律师保罗·马里旦（Paul Maritain）和吉纳维夫·法夫尔[她是法国政治家朱利斯·法夫尔（Jules Favre）的女儿]的儿子。马里旦分别就读于亨利四世中学（1898—1899）和索邦大学，在索邦大学，他分别准备了哲学的文凭考试(1900—1901)和自然科学的文凭考试(1901—1902)。他最初对斯宾诺莎哲学非常感兴趣。后来在很大程度上是因为接受他的一名诗人朋友(他后来成了一名宗教思想家)夏尔·佩吉(Charles Péguy)的建议,而习听了柏格森(Henri Bergson)在法兰西学院所开设的课程(1903—1904),并逐渐开始受到柏格森著作的影响。

1901年,马里旦遇见蕾伊莎(Raïssa Oumançoff),一名俄国犹太移民的女儿,同时也是他索邦大学的同学。两人深深失望于法国精神生活的枯竭乏味,并发誓如果他们在一年内没有找到某个可用以回答这一明显无意义的生活的答案,他们就一起自杀。柏格森对于那个时候占据支配地位的实证主义的挑战在很大程度上促使他们放弃了自杀的念头,雅克和蕾伊莎在1904年结婚。此后,因受到作家列依·布洛依(Léon Bloy)的影响,马里旦夫妻于1906年在罗马天主教教会接受洗礼。

马里旦于1905年通过了他的哲学教师资格考试,接着于1906年,他和蕾伊莎一起离开巴黎前往海德堡,在那里,雅克继续着他在自然科学方面的研究。他们于1908年夏返回巴黎,正是在这个时候,马里旦明确表示放弃了柏格森主义,并开始彻底研读托马斯·阿奎那的著作。

1912年,马里旦成为斯坦尼斯劳斯学校(Lycée Stanislaus)的哲学教授,尽管他仍在巴黎天主教学院开设讲座。1914年,巴黎天主教学院聘任他为(现代哲学史教席的)助理教授。1921年,他成为该学院的全职教授,并于1928年担任逻辑学和宇宙论讲席教授,直至1939年。

在他的早期哲学作品中[比如《现代科学和理性》(1910)和《柏格森主义哲学》(1913)],马里旦试图为托马斯主义哲学辩护,以回应柏格森主义和世俗论者的批评。在第一次世界大战中,马里旦在接受短暂服役之后,再次回到讲台并继续其研究。他的哲学著作的关注点仍旧是为天主教主义和天主教思想进行辩护,诸如《反现代》(1922);《三位改革者:路德、笛卡尔、卢梭》(1925),以及他与拉勒蒙(D. Lallement)合著的《"罗马为何说话"作者所著罗马预言》(1929);在此同时,马里旦也撰写了一些导论性的哲学作品,诸如《哲学原理》(2 卷,1920—1923);他的兴趣甚至扩展到了美学,诸如《艺术与经院主义》(1921 年第 1 版,1927 年第 2 版)。

在 20 年代后期,马里旦的关注点开始转向社会问题。尽管他与天主教社会运动(即法兰西行动派)有着某种联系,但是 1926 年,当天主教教会谴责该行动派的民族主义和反民主倾向之后,马里旦便断绝了与它的联系。然而,在与俄罗斯哲学家尼古拉斯·博蒂乌(Nicholas Berdiaec,其交往开始于 1924 年)和艾曼尼·穆尼埃(Emmanuel Mounier,其交往开始于 1928 年)的交往中,马里旦受到了鼓舞,开始提倡一种自由主义的基督教人本主义原则,并为自然权利进行辩护。

在这个时期,马里旦的哲学作品是兼收并蓄的,有关于托马斯·阿奎那的作品(1930),有关于宗教和文化的作品,有关于基督教哲学的作品,有关于笛卡尔的作品,有关于科学哲学和认识论的作品[《知识诸维度》(1932 年第 1 版,1963 年第 8 版)],并且或许更为重要的是,还有一些论述政治哲学的作品。从 1936 年,他开始撰写大量的著作,包括《整体人本主义》(1936),《政治正义论》

(1940),《人权与自然法》(1942),《基督教与民主》(1943),《政治人本主义原则》(1944),《人与共同善》(1947),《人与国家》(撰写于1949年,且于1951年出版),还有死后出版的作品《自然法讲义》(这是1950年做的一系列讲座的讲稿的合集)。

马里旦的观念在拉丁美洲有着广泛的影响,并且因为他的政治哲学具有“自由主义”的特征,而使得他不断地招致来自法国国内和法国国外的左翼和右翼的攻击。1936年在拉丁美洲所做的演讲,使他被聘任为巴西文学院(the Brazilian Academy of Letters)的成员,但同时也成为人们抨击的对象。

在30年代早期之前,马里旦就已经是天主教思想中的一名知名学者。他是北美的常客,并且从1932年开始,他每年都会去(加拿大)多伦多中世纪研究中心(the Institute of Mediaeval Studies in Toronto)做讲座。随着1939年末战争的爆发,马里旦决定不再返回法国。1940年上半年,他在多伦多做完讲座之后,便到了美国,分别在普林斯顿大学(1941—1942)和哥伦比亚大学(1941—1944)任教。

在战争期间,马里旦一直待在美国,在战争事务上他表现得非常积极(录制广播节目以支援被占领的法国,并参加美国之音的广播节目)。他同时还在继续发表和出版各类涉及面广泛的主题——不仅涉及政治哲学,还有美学(比如1943年的《艺术和诗》),教育哲学以及形而上学(1944年的《从柏格森到圣托马斯·阿奎那》)。1944年夏,随着法国的解放,他被法国任命去往梵蒂冈,在那一直服务到1948年,在此期间他仍旧积极参与起草《世界人权宣言》(1948年)。

1948年春，马里旦作为荣休教授重新回到普林斯顿，尽管他同时也在美国多所大学做讲座（特别是在圣母大学和芝加哥大学），并经常回到法国讲授一些短期的哲学课程——特别是在靠近巴黎的索塞镇的“活水”。在这期间，除了政治哲学方面的著作之外（参见上文所列书目以及1960年出版的《城邦中的哲学家》），马里旦还出版了美学（1953年的《艺术和诗中的创造性直觉》）、宗教（1953年的《探究上帝》）、道德哲学（1951年的《道德哲学的首要观念》；1960年的《道德哲学》）和历史哲学（1957年的《论历史哲学》）方面的著作。

1960年，马里旦和他的妻子一同返回法国。随着那年年底蕾伊莎的去世，马里旦移居到了图卢兹，在那里，他打算参加耶稣会小兄弟会（Little Brothers of Jesus）。在这期间，他撰写了大量的著作，最著名的就是《加龙河的农人》（*Le paysan de la Garonne*）（这部作品对后梵蒂冈教会改革提出了激烈的批评），此书出版于1967年。在1970年，他请求加入这个教会，并于1973年4月28日去世。他与蕾伊莎一起被安葬在阿尔萨斯的科尔布桑。

2. 基本背景

马里旦把他自己的工作看成是托马斯·阿奎那思想的一种延续，他的著作经常摘引或参照托马斯的文本。尽管他皈依天主教以及所经历的思想历程在很大程度上有其个人的原因以及受到诸多朋友的影响，但是，他对于天主教思想以及托马斯主义哲学的辩护无疑将受到教会卷入其中的那些事件的影响。

其中一个事件就是在法国，一些世俗派的和人文主义派的力量对于各种宗教组织(特别是天主教组织)的攻击,在一系列影响到教会财产的税收和所有权以及宗教在公共事务中的地位的法案中,这一攻击达到了顶峰。大概在同一时候,特别是在法国,为回应神学的现代主义,在天主教内部产生了诸多分歧。英国的提利尔(George Tyrell)的著作,法国的勒南(Ernest Renan)和索塞(Alfred Loisy)的著作被指责为犯了以下这样一些"错误":他们认为良知是宗教真理的首要根源,所有的知识——包括教义——都有历史性的和偶然性的一面,同时,他们亦对权威通谕的权威性发起了挑战。法国哲学本身被认为是与天主教神学不相兼容的。在那时,占据主导地位的观点是柏格森的直觉主义或精神主义[他主张在形而上学中,对于"存在"的强调应被代之以对于"绵延"(durée)或"纯粹变化"的强调]、布伦士维格(Léon Brunschvicg)的观念论、拉朗德(André Lalande)的精神主义、戈布洛(Edmond Goblot)的唯物主义。他们所有人都对那些被认为是天主教之核心思想的主张提出了挑战。法国的天主教教会在那时处于某种混乱状态之中,所以在诸多方面都需要对宗教正统学说作出辩护。

马里旦的早期著作即旨在处理由上述事件所引发的某些问题。他最初为斯宾诺莎的观念论所吸引,接着是柏格森的生命论的直觉主义,所以他对于天主教的辩护立足于他对于其对手的充分了解,这是他的很多同时代人所无法企及的。马里旦反对"现代性"——笛卡尔式的和后笛卡尔式的思想——因为他把那种认知论形而上学看成是他的敌人,并试图重新回归至阿奎那所抱持的那种"前现代"的观点。然而在他看来,哲学所要做的远不只是重复阿奎那的观点，而是发展托马斯主义哲学的某些方面，以便回应当代世界的各种问题。所以，尽管马里旦的很多观念在很大程度上受到圣托马斯·阿奎那的启发，但是他的认识论和美学却显示出基督教神秘主义，特别是克罗斯(St John of the Cross)对他的影响，而他的社会和政治哲学则显然反映了欧洲自由主义的诸多理念。

3. 主要贡献

3.1　形而上学

尽管马里旦没有撰写一部系统阐述其形而上学的著作，但他在这个领域中的主要贡献可以在《形而上学绪论：论存在七讲》(1934)、《存在与存在者》(1947)、《从柏格森到圣托马斯·阿奎那：论形而上学和道德》(1944)这三本书中找到。对于他的形而上学的讨论也可以在其他著作中找到，比如《知识诸维度》《理性的范围》《科学与智慧》以及《思索时间》。

正如人们通常所认为的那样，马里旦的形而上学沿袭了托马斯·阿奎那的形而上学传统，但它绝不是对于阿奎那观点的概括或重述。一般来讲，马里旦把他自己的使命——一般意义上的托马斯主义的使命——看成是“重新焕发”阿奎那的思想：“该项使命的新颖性可能比(托马斯主义者们)他们自己所意识到的还要大”(《形而上学导论》第12—13页)。

与阿奎那一样，马里旦认为形而上学所要探讨的是作为存在的存在(ens inquantum ens)，也就是说，形而上学“所要探讨的是事物的首要原则及其最高原因"(《形而上学导论》第 27 页)。同时,马里旦还认为,阿奎那对于某些基本形而上学问题的回答从总体上来讲是正确的,但这些回答并不如此完善。同时,在有关类比、存在以及类比性概念的必要性的立场上,马里旦采纳了阿奎那的基本立场,而不是司各脱(Joh Duns Scotus)的立场。此外,在统一性和多样性这个问题——亦即一个事物如何可能是个别的和特殊的,但同时又是同属一种门类的事物的一分子上,马里旦与阿奎那一样都认为:我们必须要区分"事物之所是"(亦即他的本性或本质,这是他与其他同属一类的事物共同分享的)与"事物存在着"这个事实(亦即这个事物拥有他自己的"存在方式")。当我们分析感性事物(包括人类)的本性和统一性的时候,马里旦使用了阿奎那有关事物的形式和事物的质料的区分:"本性"或"本质"所反映的是"形式",而"个别性"则为"质料"所规定。

然而,马里旦的主要贡献并不在于重述托马斯主义形而上学的一些细节,而在于将托马斯主义的形而上学与现代科学和现代哲学联系在一起,以阐明其基础。

在马里旦看来,所有的人类探究活动都是把"存在"作为其对象的。换言之,"存在"是理智的形式对象(《形而上学导论》,第 25 页)。但是"存在"可以以不同的方式予以把握,例如,马里旦区分了感性存在(人类理智所首先达致的对象)和作为存在的存在(这是形而上学的对象)。正是基于对象中的这一区分(正如在他的认识论和自然哲学中所指出的那样——对该话题的探讨可见下文),使得马里旦得以对经验科学家、数学家、哲学家、神学家以及神秘主义者各自之活动作出区分。

正如马里旦所言，形而上学的探究——亦即对于存在之为存在的探究——是神秘的，因为它是某种太过丰盈或“充满理智”的东西(《形而上学导论》第 4 页)。然而，存在的神秘性是一种“可以为理智所把握的神秘性”(《形而上学导论》第 83 页)，并且马里旦还指出，如果一个人不研究形而上学，他就不可能是一名哲学家：“一名哲学家，如果他不是一名形而上学家，他就不可能是一名哲学家”(《存在与存在者》第 29 页)。

对于存在的哲学反思始于对于存在的直观，马里旦坚称，为了使真正的形而上学知识得以可能，人们需要此种“本质性”的直观(eidetic intuition)。这种作为形而上学研究之根基的“对于存在的直观”并不是“那种对于存在的模糊的常识”(《形而上学导论》第 78 页)，而是一种“理智的直观”(《存在与存在者》第 28 页)或是对于“存在活动”的把握(马里旦对于存在直观的强调显然超出了我们在阿奎那那里所看到的那种东西，有些人甚至认为在阿奎那那里根本没有这样一种直观，其所反映的是柏格森有关绵延直观的阐述)。

对于存在的这种直观“是一种直接的和即刻的知觉……这是一种非常基本的洞见，高于任何一种对于它所接触的那个实在的曲行式的推理和论证”(《形而上学导论》第 50—51 页)；马里旦说道，这种直观是对于事物存在之现实性的意识——它具有决定性的意义且拥有根本性的特征。这种有关直观的观点并不是一种有关预感式或直接式洞见的观点；同时(马里旦继续说道)，这种直观也不是一种类似于柏格森式的直觉。这种直观具有理智的特征，是对于可为理智所认识的事物的一种把握，并要求其“处于理智精神的某个维度上”(《形而上学导论》第 49 页)。有意思的是,马里旦认为,对于存在的此种直观是康德和诸多晚后的哲学家没有注意到的(《形而上学导论》第 48 页),直至存在主义的到来。

在此有诸多人们可用以获得此种“直观”或此种“把握”的探究路径,但是却没有人们可据以遵从的可产生此种直观的“方法”。例如,我们可以通过聚焦于某个实在之物并反思潜藏在其背后的东西来获得这种“把握”。由此,这种“本质性直观”或“形象化的直观”是人们“面对面地观看实在”的场所,在此,“实在剥离掉了它在心灵之外的真实存在”,并显露出“理智存在的条件”(《形而上学导论》第 58 页)。由此,这种形而上学的直观就是从事物的“理智价值”的视角出发而对它进行的一种“形象化的直观”(ideating intuition),而不是根据他们的“偶然性和个体性”所依赖的实际条件而对它进行的一种直观(《科学与智慧》第 108 页)。

在马里旦对于形而上学的阐述中,还有一个特点是他对于“存在活动”(the act of existing)的强调,正是这一点使得马里旦被称为一名“存在主义者”。事实上,他的《存在与存在者》的副标题就是“一部有关基督教的存在主义的论述”,而且他把他自己的观点看成是一种“存在主义的理智主义”(existential intellectualism)(《存在与存在者》第 70 页)。马里旦相信,这样一种强调是任何一种融贯的托马斯主义的特征之一。“真正的托马斯主义的标示就在于……它赋予‘存在’以及‘对于存在着的存在者的直观’以首要位置”(《存在与存在者》第 12 页)。然而,这种存在主义与克尔凯郭尔(Kierkegaard)、马塞尔(Gabriel Marcel)以及萨特(Jean-Paul Sartre)的存在主义是完全不同的。马里旦这么写道:“一种本真的存在主义肯定'存在'的首要性，但同时亦保有本质或本性，以展现理智和理智活动的最高成就"(《存在与存在者》第13页)。马里旦的这个立场不仅在于反对与他同时代的其他一些存在主义者的立场，这些人往往不再去谈论本性或本质，或本质或本性所拥有的可为理智所认识的属性，同时也反对那些认为本质是被创造出来才存在的。在马里旦看来，本质并不先于存在而存在；本质更应该被看成是"去存在所需具备的各种能力"(capacities to exist)(《存在与存在者》第34页)。

人们拥有有关"存在"的直观，并据此来探究"存在"，在这个意义上，我们必将进入到形而上学和自然神学的一些传统问题。在马里旦看来，形而上学有四项基本原理：同一律、充足理由律、因果律、目的律(亦即每一个行动者都是为了一个目的而行动的)。尽管这些原理的正确性和可适用性并没有直接的证据可予以证明，但它们却为经验所证实，并且，正如马里旦所言，如果我们要否定它们，我们必将导致矛盾(《形而上学导论》第90页)。

因此，形而上学，确切来讲，包含着对于存在的原因——即上帝——的探究，在上帝那里，存在活动是持存着的。因为马里旦认为"存在"是某种通过直观而被把握的东西，所以我们也会看到，马里旦认为人们不仅是通过托马斯主义的那五种方式来认识上帝的存在的，而且也是通过直观来认识上帝的存在的(这一点我们将在下面的"自然神学和宗教哲学"一节中予以论述)。

3.2　认识论

马里旦在认识论方面的主要著作是《知识诸维度》(1932)，尽管我们也可以在《理性的范围》(1948)和《精神四论》(1939)中找到有关该主题的一些重要论述。马里旦在很大程度上遵循着托马斯·阿奎那的实在论观点——尽管他同时也受到克罗斯(John of the Cross)和奥古斯丁的影响,而且,《知识诸维度》一书的结构似乎也可在圣波那文都(St. Bonaventure)的《趋向上帝的心灵之旅》(*Itineratium mentis in Deum*)一书中找到某种痕迹。

与"现代哲学"不同,马里旦坚持形而上学之于认识论的优先性——实际上,他认为"知识批判是形而上学的一部分"(《理性的范围》第 25 页),同时亦认为各门科学的结构和方法是由"被认识的对象的本性"所规定的。

马里旦把他自己的观点称之为批判实在论(critical realism),以反对在当时两种占据支配性地位的阐释:一是有关知识的理性主义阐释,二是有关知识的经验主义阐释。马里旦认为,在康德主义、观念论、实用主义、实证主义这些理论之间,尽管存在差异,但它们都共同反映了唯名论的影响。也就是说,他们都认为,所有的普遍观念(universal notions)都不是建立在"实在"的基础之上的,而是"人类心智"的产物。马里旦的批判实在论认为,心智所认识的东西与现实存在的东西是一致的。认识一个事物就是该事物的"本质"以一种非物质性的方式存在于心智中。这并不是说心智在反映或拷贝它所认识的那个东西,而是说,根据它所把握到的那些属性,心智"变成了"它所认识的那个东西。马里旦认为,我们是通过"概念"而形成有关实在的知识的,这些概念,尽管其本身是某种只能通过反思才能够被认识的东西,但它却是非物质性的,而且是普遍的。由此,比如它在认识感性对象的时候,心智将同时扮演两个角色，一是消极的角色，那便是接受感官印象；二是积极的角色，那便是从这些印象中构建知识。

马里旦的认识论不仅在于解释存在于科学和哲学中的知识的性质，而且在于解释宗教信仰和神秘论，他的目的之一就是要表明，存在各种不同“种类”的知识，以及这些知识相互之间的关系。他论证指出，存在各个不同的知识层次，在这些层次之间，不同的知识“维度”是由“被认识的对象的性质”以及其所内含的“抽象程度”所规定的。

首先，在理性知识这个层面上，我们可以谈论有关感性自然的知识（亦即有关经验科学对象的知识），它不同于数学知识或涉及“物理—数学”对象的知识（这种知识是有限度的，因为它的对象与实在不存在直接的关联），同时，它也不同于有关“超感性的自然”或“形而上的自然”的知识。

然而，“知识的这些维度”并不是相互独立的，相反，它们都有着同样一个要求：亦即认识一个事物就是要知道它为什么是它现在的这个样子——“当心智仅仅只是达致一个事物的时候，它是不会感到满足的，只有在它把握了这些材料据以立基的基础的时候，也就是把握了它们之所以存在和之所以可以为理智所认识的时候，心智才会感到满足”（《知识诸维度》第 23 页）。例如，自然科学，它是建立在感官知觉的基础之上的，它的目的在于勾勒和表达那些反映“被察觉到的对象之特定属性”的法则。所以，科学家主要关心的是寻求自然的规律，通过在观察中运用经验方法，提出一种假设，并对此作进一步的验证；马里旦将此称为“符号知识”

(perinoetical knowledge)[①]。

但是,自然科学如果要达致作为一门科学所享有的地位,它就必然要预设自然哲学——也就是说,我们有能力认识一般性的事物,以区别于这些事物的个别特性(尽管这种一般性并不脱离于质料性的存在)。自然哲学"超出现象之外",旨在发现本质性的联系和原因。由此,以那个呈现在感官知觉中的对象为出发点,心智建构起了一个具有普遍性的对象(马里旦认为,这之所以可能,是因为在这些事物身上存在着他们的本质或本性)。马里旦把这个达致事物本性的思维过程称之为"直观知识"(dianoetical knowledge)。尽管自然科学和自然哲学都关注物理性的事物,但自然哲学家(不同于自然科学家)所关注的是对象的本质及其定义(或至少是对于它的各种属性的阐述)。所以,这是一种处在"第一个维度的抽象活动"之上的知识。

物理—数学对象(例如量、数和广延)处在"第二个维度的抽象活动"之上。尽管它们不能独立于物质事实的存在而存在,但是它们一旦被认识,便可无需参照这些对象而被设想。形而上学知识或思辨知识所处理的是处在"第三个维度的抽象活动"之上的对象(亦即独立于质料),诸如实体、质、良善性和神圣之物。基于形而

---

① "perinoetical knowledge""dianoetical knowledge"与"ananoetic knowledge"这三个词是马里旦自己杜撰的三个词。根据马里旦自己的说法,所谓的"perinoetical knowledge",指的是一种通过替代性的符号而获得的知识(knowledge by substitute-signs),所谓的"ananoetic knowledge",指的是一种通过类比而获得的知识,而所谓的"dianoetical knowledge",指的是通过感性之物而直接达致本质或本性本身的知识。具体的论述参见马里旦的《知识诸维度》一书(*The Degrees of Knowledge*, University of Notre Dame Press, 1995,pp. 215-216)。——译者

上学对象的本性，使得后一种知识不包含任何逻辑式的推论、类比式的推理或马里旦所谓的“类比知识”(ananoetic knowledge)。这样一种知识(例如有关神圣之物的知识)不是通过某种直接的把握，而是通过被造之物而间接获得的。

在“知识的这些维度”之间存在一种等级秩序。在“可认知性”“非质料性”以及“被认识的可能性”方面处于最高层次上的对象是最高等级的知识的对象。马里旦这么写道：“形而上学家在对某个对象——亦即一种拥有更高本性和可识知性的知识的对象——进行考察的时候，通过使用完全超越于物理学家和数学家所使用的那些方法，而获得一种恰当的知识，亦即一种科学知识”(《知识诸维度》第 31 页)。但是即便如此，我们也不能得出结论认为，在此存在着各种不同种类的“知识”。

马里旦指出，哲学性的阐明不同于自然科学的和数学的阐明：“哲学所关注的是一个客观上独立的知识领域，并构成一个真正自主的学科，拥有它自己所独有的对于该知识领域的解释方法”(《理性的范围》第 5 页)。马里旦写道，具体来讲，自然哲学旨在渗透到其对象的本性之中。形而上学——它同时也是一种哲学认知——所关注的是纯粹的理智对象。然而，科学至多是“经验逻辑式”的，它并不将我们带至存在本身，而只是带至可观察的和可衡量的东西。由此，如果用科学阐明的方法来确立或批判形而上学知识的对象，那必将导致赖尔所讲的“范畴错误”。正是因为马里旦认为经验主义者和启蒙主义认识论犯了这样的错误，所以他才提出这样的批评。

正如存在一个理性知识的领域一样，也存在一个超越“自然知识”的超理性的知识领域(一种更高的智慧)。在这个领域中,一方面是“有关被启示的神秘之物的科学”或“神学智慧”,另一方面则是“神秘神学”。在此,马里旦显然是受到了奥古斯丁和克罗斯(John of the Cross)的影响。在马里旦看来,在神学智慧中,上帝不仅是通过“理性”而且也是通过“信仰”而被认识的(这显然不同于形而上学知识,形而上学知识是从“外部”来探究上帝的)。神秘知识位于一个更高的层面之上,在那里,并不需要“概念”这一介质,就可以**通过一种超人类的和超自然的**模式来认识上帝本身(《知识诸维度》第253页)。这是一种基于同源性的知识,但它同时也是一种可以通过“神秘思辨”的实践学科来予以探求的知识。在这个意义上,人类获得了一种使他们变得更慈爱和更具精神性的知识。

有关马里旦的认识论,已引发诸多疑问,特别涉及他有关哲学知识的刻画。例如,尽管马里旦认为在科学和哲学之间在方法上存在差异,但我们不甚清楚这种差异到底在哪里。例如,马里旦可能与阿奎那一样都认为形而上学要运用基于效果的阐释(demonstratio quia),但科学有时似乎也在使用这样一种阐释方式。事实上,在证立“自然事物的原因”是存在的时候,我们不甚清楚到底是什么在方法上(不同于前提所包含的那个内容)将一个形而上学的证据(例如有关上帝存在的证据)与一种科学的论证区分开来。

其次,马里旦认为科学知识与哲学知识的差异在于它们在“方法”和“对象”上的差异。但是如果科学知识和哲学知识是不可通约的,那么我们不甚清楚哲学是如何对各门科学作出评判或纠正各门科学的。

最后，马里旦所使用的阐释模式是基础主义的，并因此必须回答现代的反基础主义所提出那些批评——例如，他们认为一种基础主义理论为知识设定了一项标准，该标准不仅没有得到证明，而且其本身亦不是自足的。晚近对于托马斯主义认识论的辩护便试图在这些问题上提出一些解决之道[例如亨利·维希(Henry Veatch)在1990年《托马斯论文集》(*Thomistic Papers*)第4卷中所做的那样]。

3.3　自然哲学

马里旦有关自然哲学的论述贯穿于他的以下著作——《哲学导论》(1920，卷一)、《科学与智慧》(1935)中的一篇论文，另外，特别还有《自然哲学》(1935)和《知识诸维度》(1932)。此外，马里旦的论述建立在亚里士多德、托马斯·阿奎那、圣托马斯的约翰(John of St. Thomas)的基础之上，尽管他显然推进了他的这些前辈的观点。

马里旦的早期教育和在大学中从事的研究是自然科学。但是，后来他开始不再对他在巴黎就读时的导师们所抱持的实证主义的科学探究路径抱有任何幻想，并且，他将托马斯主义哲学带至现代世界的旨趣(这种旨趣源于他皈依了天主教)使得他重新看待哲学和科学之间的关系，特别是提出了一种自然哲学。

在马里旦看来，自然哲学是思辨哲学的一个分支。它试图为感官的、物质性的"活动着的存在者"(ens mobile)提供一种本体论的分析；具体来讲，它包含着对于物理事物的第一原则——亦即那些超越感官的原则——的探寻。由此,“它是这样一种知识,它的对象是出现在所有有形体的自然物体之中的‘可动的存在’本身,以及那些用以阐释其可动性的本体论原则”(《知识诸维度》第197页)。同时在此,人性也是自然对象中的其中一种,并且是处于自然对象的最高位,所以,心理学是自然哲学的最高范畴。

因此,自然哲学处在科学和形而上学之间;它不仅区别于形而上学(其所处理的是所有作为存在的存在),而且区别于各门“经验性”的科学(其所处理的是可观察的或可衡量的感性存在者)。因为它寻求位于所有物理性对象背后的原则,所以它要不断地推进反思,以超越各门科学;因为它仍旧处理物理性的对象,且承认其结论需要得到感官的证实,所以它还不是形而上学。

在马里旦看来,自然科学的探究尚未达到自然哲学的要求,因为自然哲学的目的不仅仅是要反思物理科学的结论和方法,而且还要为其提供潜藏在其背后的根本性原则。此外,自然哲学还明白,实在(reality)是不能还原为物理性实在的。所以,它所关注的是事物的本质和这些事物所归属的(自然)种类。

马里旦的阐述预设了一种形而上学的和认识论的等级秩序:(1)通过感官而被认识的感性的和可观察到的事物;(2)通过脱离感官的“理智”而被认识到的“内在于这个现实世界的实在之中的一些理智性的必然之物”(《知识诸维度》第145页);(3)“数”所构成的世界(数学);(4)形而上学;(5)神秘经验(参见《知识诸维度》第145—146页)。由此我们可以看到,在这个等级秩序中,维度的高低是由“被认识的事物”与“质料”的脱离程度所决定的。所以,自然哲学是一门仍处于第一个抽象层面之上的演绎科学。它仍与形而上学密切结合在一起，在此，它所阐述的是一些关涉宇宙的一般性论题，诸如它与必然规律和偶然规律之间的关系，以及与第一因之间的关系。但它同时亦需要自然科学知识的补充才能得到完善，所以也与其处于同一个抽象层面上。

这样一种探究所寻求的是怎样一些原则？自然哲学具体来讲所关注的是运动的本性、有形体的事物（亦即质料和形式）的本质、生命的本质和有机体的构成性原则的本质。马里旦这么写道："自然哲学旨在教授我们有关连续性和数的本性、质的本性、空间的本性、运动的本性、时间的本性、有形体的物体的本性、位移运动的本性、植物性的生命和感性生命的本性、灵魂及其运作力的本性，等等"（《知识诸维度》第 186 页），所以，它与各门自然科学处于同一个抽象层面。

在这里，马里旦的观点引发了诸多批判性的讨论。对其表示同情的批评者，诸如麦库尔（Gerald McCool）认为，马里旦对于潜藏在其观点背后的那三个不同抽象层面的阐述歪曲了阿奎那本人的观点。而持更为激烈批评意见的人则反对马里旦有关"实证主义"的阐述，而有些人——诸如鲍斯（George Boas）——则认为马里旦依赖于一种拥有本质的自然类的存在理论——事实上，这是很多科学家都不会预设的一种哲学理论。当然，马里旦显然会回答说，这恰恰是他的观点；这样一些本质并不是经验性科学（emperiological sciences）的对象。

3.4　自然神学和宗教哲学

与圣托马斯·阿奎那一样，马里旦也认为在信仰和真正的理性之间并不存在冲突，宗教信仰对理性讨论是开放的，同时上帝的存在和一些基本的宗教信仰可以通过哲学的方式予以阐明。所以，宗教信仰不是一种态度，也不是一种私人意见——亦即一种其采纳与否取决于私人偏好的东西；它是某种“真理”。在马里旦看来，人们必须在“真正的上帝和激进的非理性”之间作出选择（《哲学导论》第259页）。

马里旦认为，哲学是神学的一门附属性学科，并且在“形而上学知识”这个标题之下，哲学把对于一些基本宗教信仰的阐释纳入其中。与阿奎那一样，马里旦接受了古典的基础主义立场，亦即认为这些信仰可通过理性演绎的方式从一些自明性原理那推导出来，并且在马里旦看来，这些信仰构成了真正的知识。具体来讲，马里旦认为，通过使用自然理性，人们便可认识有关上帝的某些真理，同时，他亦认为，阿奎那的那“五条路径”提供了有关上帝存在的确切知识。但是马里旦还指出，对于上帝的存在，还有其他一些“证据”，在《探究上帝》一书中，马里旦提出了他所谓的“第六条路径”。

马里旦写道，在人们致力于思考的时候，存在一种在人身上被唤醒的直觉——也就是说，作为思维着的存在者，他们不可能是不存在的。作为一种思维的存在者，他是超越时空的各种变迁的；既不存在生成，也不存在消亡——我无法设想他不存在会是什么样子。然而，我们都知道我们是被生下来的——我们是从无到有的。所以，我们面临着一种矛盾——不是一种逻辑的矛盾，而是一种活生生的矛盾。解决该矛盾的唯一方式就是，他一直以来就存在着，但不是通过他自己，而是在“一种拥有超越人格的存在者”那里，并从他那里生发出“目前从事思考的那个自我，从而进入到一种尘世的存在”(《探究上帝》第 64 页)。这个存在者“必须以一种异乎寻常的方式在其自身之中包含有所有事物，并以一种绝对超越的方式而成为存在、思维和人格。这意味着首要的存在是‘一种无限充裕的在’(the infinite plenitude of being)，基于其本质而区别于所有其他的存在者”(《探究上帝》第 66 页)。

马里旦还承认存在一种自然的、前哲学的，但仍然是理性的上帝知识(参见《探究上帝》第 13—22 页)。马里旦指出，这种“知识”对于从哲学上来阐明上帝的存在是必不可少的，并且事实上这种知识往往会带出这样一种阐明。所以，在这个意义上，对于某些宗教信仰，即便我们无法阐明它们，但我们仍然能够知道这些信仰是正确的。马里旦的论证是这样的(这与托马斯主义所抱持的从偶然的存在者出发来进行的论证是相类似的)：在一个人对于存在的直觉中，他首先意识到一个不同于他自己的“实在”，其次意识到他自己是一个有限的和受到约束的存在者，最后，他意识到必然存在某种“完全超越虚无和死亡的”存在者(《探究上帝》第 15 页)。这与另一种“自发的推理”是同时发生的，由此沿循着同样的路径而得出如下结论：存在另一个“整体”，另一个“存在者”，一个超验的和自足的且其本身是不可知的存在者，它促发着所有存在者的活动……也就是说，他是一个自存的存在者，通过自身而存在着的存在者(《探究上帝》第 16 页)。马里旦承认，有关上帝的此种“知识”不是证明式的，而是“其本身就是确定无疑的”(《探究上帝》第 19 页)，并且，对于上帝存在的哲学证明其本身就预设了这种“知识”，而且是其根本性的力量之所在。

在上帝的哲学知识和前哲学知识之间存在着某种差异，这种差异在于前者建立在某种“科学阐明”的基础之上（《探究上帝》第19页），亦即建立在经验事实的基础之上，并且通过类比，我们可以获得可用以恰当地谈论上帝的言语。另一方面，“前哲学的”知识是一种直观——也就是说，尽管它不是对知识的一种证明或一种论证或一种“方法”（《探究上帝》第20页），但却是趋向知识的一条“路径”。这种知识建立在一种无法以言语的方式予以表达的“自然推理”的基础之上。但是，我们仍然需要注意，尽管马里旦认为某些“真理”“在成为哲学考察的对象之前可以通过共同感（common sense）予以把握”（《探究上帝》第24页），但是上帝存在的哲学证据“不仅在哲学本身的层面上可通过哲学的方式予以建立和证成，而且在这种自发的哲学的层面上就已经是有效的”（《探究上帝》第24页），而通过这样一条“路径”所达致的便是（哲学阐明中的）有关命题真理的知识。

然而，人们一般都认为，马里旦的立场在这里面临着某些困境。例如，尽管人们可以“自然地”确证“存在一个上帝”这个命题，但我们却不清楚他们如何可能证明他对上帝是有所认识的。换言之，即便“存在一个上帝”这个命题是正确的，我们仍然不知道我们如何能够说我们知道或相信这个命题是正确的。在这里，马里旦所呈现给我们的只是阐明了人们如何达致某个确定的命题以及阐明该命题的确定性，仅此而已。但是，因为一个人的确定状态并不等同于“这个人知道某个东西是正确的”这个论断。我们不清楚前哲学的探究路径是否为人们提供了一个恰当的基础，以便可以说只要一个人确信一种宗教信仰是正确的，那么这种宗教信仰就是正确的。并且，人们可能会说，如果人们考察马里旦所建议的其他一些可据以导出大家所公认的有关上帝的“知识”的方式，我们便可得出相类似的结论。

有意思的是，对于那些为宗教信仰进行辩护的诸多论证，马里旦是持批评性意见的。他认为这样一些辩护都是不成功的，因为它们都没有认识到存在不同类型的知识，而且这些不同类型的知识是以一种等级秩序的方式被排列起来的，而且他们所使用的方法按其定义而言并不适合于被用来证明某些事物。由此，马里旦认为，尽管理性，作为一种以渐进的方式趋向实在之物的理智，可以通过阐明的方式来达致有关上帝的知识，但是，如果我们把“理性”看成是一种纯粹推断性的方法——马里旦将这样一种方法等同于“物理—数学式的科学”，同时亦把其称为“理性主义的‘理性’”(the reason of rationalism)(《反现代》第 64 页)——那么它就根本无法认识上帝或述说任何有关上帝的东西。因为理性必须指向其对象，所以(这第二种意义上的)理性既无法证明启示真理，亦无法与启示真理形成任何的对话和交锋。

除了有可能证明上帝的存在及上帝诸属性之间的融贯性之外，马里旦认为人们还有其他一些方式来认识宗教真理是正确的。除了“以自然的方式”认识上帝之外，还有以下这样一些认识上帝的方式：存在于最本原的人类自由活动中的“有关上帝的非意识性知识”(《理性的范围》第 69—71 页)、“同源性知识”(它是一种典型的神秘经验)、“抽象直观”(人们据以认识一些“首要的原理”，诸如同一律、非矛盾律、因果律)、“实践理智的诸方式”(《探究上帝》第 4 章)(例如，通过道德经验或审美经验——尽管这些并没有提供

一种严格意义上的证明)，当然还有神圣启示。

此外，马里旦还认为，即便在没有论据式论证的时候，信仰上帝仍然是合乎理性的(说一个人可以通过理性获得有关上帝的某种知识，并不意味着每一个人都可以以这种方式获得这种知识)。此外，马里旦还指出，尽管一个人认为某个信仰可以通过理性论证予以阐明，但这并不意味着必然能够为此提供这样一种理性的阐明。倘若一种宗教信仰是合乎理性的，那它就不能与“真正理性”的结果有任何抵牾。但是，马里旦从来没有认为(在这点上他与阿奎那是一样的)，如果说一个人所拥有的有关启示真理的知识是合理的，那么人们就必然能够从哲学上来阐明这些启示真理。事实上，在马里旦看来，神学可以“反对任何与神学真理相抵触的哲学论断，将其看成是一种谬误”(《哲学导论》第 126 页)。

马里旦写道，这里还可能会有一种有关上帝属性的知识。基于所有那些有关上帝的自然知识(这种知识在根本意义上是类比性的)，我们可以通过否定的方式获得一些结论。所以，他坚称我们可以说我们知道有关上帝的某些事情。尽管我们不知道上帝的那种本己的存在方式，但我们可以知道上帝是“存在”的(quia est)(《知识诸维度》附录三，第 423 页)。事实上，与赛迪兰奇(Sertillanges)和吉尔松(Etienne Gilson)不同，马里旦认为我们可以获得有关上帝的肯定性知识——尽管是以一种多少不太完善的方式认识上帝的，但却是一种正确的方式。此外，马里旦还认为，通过否定的方式获得的知识预设了肯定性的知识。然而，戴利(Mary Daly)指出，马里旦并不清楚我们通过哲学论证所获得的有关上帝的肯定性知识到底可以达致何种程度(戴利:《马里旦哲学中有关上帝的自然知识》,第 53 页)。然而,马里旦承认,哲学所提供的有关上帝的知识是不完整和不完善的。我们所拥有的有关上帝的类比性知识并不能够完整地描述上帝是什么。

然而,我们不是很清楚马里旦是否避免了“类比性知识”的批评者所指出的那些问题。例如,如果“原因”这个术语在以一种类比的方式用到上帝身上的时候,那么,在我们考察完阿奎那证明上帝存在的“第二种方式”之后,当我们说“上帝是世界的原因”这个论断时,那他必然是在前后一致的意义上——亦即在同一种含义上——来使用原因这个术语的。如果这个术语不是以同样的含义被加以使用,人们又如何能够说阿奎那已证明了这个结论?问题不在于类比性论断是否是可能的,而是(1)人们是否能够理解这个类比性论断,以及(2)人们是否能够在不犯同义反复这个错误的情况下在一个论证中运用这个论断。

基于马里旦对于信仰和超自然知识的阐释,他似乎是把宗教信仰看成是一些“真理”,从而认为它们不仅只是拥有一种纯粹认知性的特征。他无疑与阿奎那一样认为宗教是一种“倾向”(disposition)。一种倾向或一种习性显然不是行动的产物,而是据以导向行动的东西。所以,说宗教信仰在形式上是论断性的,并不等于说它们的功能只于描述。然而,马里旦有关宗教信仰及其与论证和证明间关系的论述都是不完善的。此外,因为他在主张“某些表达宗教信仰的论断是正确的”时候,他使用了“基础主义”作为其论证的支点,所以我们不是很清楚他是否能够直接应对晚近一些批评者所提出的一些挑战——特别是那些“后现代主义”哲学家所提出的那些挑战,他们所关注的是潜藏在马里旦观点背后的认识论。

3.5　道德哲学、政治哲学与法哲学

马里旦的道德哲学和政治哲学根植于所谓的亚里士多德—托马斯主义自然法传统。然而，马里旦认为，亚里士多德主义的伦理学，就其本身而言，是有缺陷的，因为它缺乏有关人性之最终目的的知识。在马里旦看来，托马斯主义的观点——在人性中存在一种法，这种法源出于一种神圣的或永恒的法（尽管它可以独立于这一永恒法而被人们所认识），另外，人性的“目的”超出了在此世所能达致的所有东西——是在亚里士多德所奠定的基础之上所作的一种巨大进步。

与阿奎那一样，马里旦也认为，存在一种“不成文的”但却是内在于自然的自然法。具体来讲，就自然拥有一种目的论特点而言，我们可以通过考察事物的“目的”和它“在发挥其功能时所遵循的规范”，从而获知该事物“应当”如何或它“应当”如何被加以使用。所以，马里旦把“自然法”定义为“人类理性可以发现的一种秩序或一种倾向，人类意志必须根据这一秩序和倾向，以便使其自身符合于人类的必然目的”（《人权与自然法》第221页，《人与国家》第86页），自然法“规定了我们最基本的义务”（《人与国家》第95页），它与道德规范所涵盖的范围是一样的。

马里旦指出，存在着唯一一种自然法，这种自然法规范着所有拥有人类本性的存在者。自然法的第一诸原则不是通过“理性”的方式，也不是通过“概念”而被认识的，而是通过同源性(connaturally)的方式而被认识的——亦即通过一种被马里旦称

为“synderesis(良知)”的活动(他在此追寻着阿奎那的说法)而被认识的。由此,自然“法”之所以是“自然”的,不仅仅是因为它反映了人类本性,而且是因为它是通过“自然”的方式而被认识的。马里旦承认,根据个人的天赋能力和习得能力不同,对于自然法的认识也会有所不同,所以在人性的不同阶段,对于自然法的认识是不同的,他把其称为个人道德意识或集体道德意识的增长。这使得他得以对以下这样一种挑战作出回应,这种挑战认为不存在普遍的自然法,因为根本不存在这样一种被人们所普遍认识或被普遍尊重的自然法。此外,尽管自然法是以不断增长的方式被认识的,但它永远都不可能被完全地认识,所以不可能用任何具体的阐述方式来穷尽自然法。然而,对于存在于人类意识中的历史要素的承认并不妨碍马里旦认为自然法是客观的和具有约束力的(然而,批评者们已指出,谈论“同源性知识”(connatural knowledge)是晦涩难懂的;它完全不同于我们通常所谓的知识,并因此不适宜于作为法知识的基础)。

马里旦道德哲学的一个核心观念是人类自由。他说人性的“目的”是成为“自由的”,但他所谓的“自由”,并不是一种纯粹的许可或纯粹的理性自主性,而是人在符合他(她)的本性的前提下而获得的一种实现——具体来讲,就是达致道德的和精神的完善。所以,对于马里旦道德哲学的考察不能独立于他有关人类本性的分析。马里旦区分了作为“个体”的人和作为“人格者”的人。人是一个个体,他们作为一个部分而与一种共同的社会秩序联系在一起。但他们同时也是一个人格者。人格者是一个“整体”,是尊严的对象。他们“必须被看成是目的本身”(《人权与自然法》第 84

页),并拥有一种超越的命运。然而,人既在物质领域,又在精神领域,参与到一种“共同善”之中。由此,一个人因为是一个物质性的存在者而是一个个体,同时因为他是一个拥有自由且可以从事理智活动的存在者从而是一个人格者。同样地,尽管这两个要素有所差异,但是对于作为一个人来讲,这两个要素同样必要。正是基于他们的个体性,而使他们负有一种服从社会秩序的义务,也正是基于他们的人格性,而使他们不能屈从于这种秩序。马里旦对于拥有人格的人的价值的强调被视为是一种人格主义(personalism),我们可以把它看成是一种介于个人主义和社会主义之间的立场。

马里旦的政治哲学和法哲学显然是与他的道德哲学联系在一起的。在马里旦早期的一部政治作品中,他为之辩护的立场被他描述为是一种“整体性的基督教人本主义”(integral Christian Humanism)。所谓的“整体性”,是因为它既从人这一实体的物质面向,又从他的精神面向来考察人,亦即既把他看成是一个统一的整体,同时也把他看成是一个参与“共同善”的“社会中的人”。马里旦政治哲学的目的在于勾勒使一个个体成为一个完善的人所应具备的必要条件。所以,他的整体人本主义将人的不同面向统合到一起,但同时亦不忽视和剥夺各个面向各自所具有的价值。尽管一个人作为一个个体所拥有的私人利益隶属于共同体的(世俗的)共同善,但作为一个担负超自然目的的人格者,他的“精神之善”要高于社会——这是所有政治共同体都应予以承认的东西。

在马里旦看来,最好的政治秩序是一种承认上帝之最高主权的秩序。所以他不仅反对法西斯主义和共产主义,而且也反对所有世俗的人本主义。他认为这样一些观点——特别是法西斯主义和共产主义——不仅是一些世俗宗教，而且是“去人本化”的；尽管他是美式民主的辩护者，但他显然没有兴趣将基督教与资本主义勾连在一起。或许在马里旦看来，一种以神为中心的人本主义，其哲学基础就在于承认拥有人格的人——一种既是精神性的存在者，也是质料性的存在者，是一种与上帝关联在一起存在者——的本性，同时，整个的道德规范以及社会和政治制度都必须反映这一点。

马里旦设想了一个处于法律统治之下的政治社会，并且他区分了四种不同类型的法：永恒法、自然法、文明世界的共同法（万民法）和实在法。

自然法是“普遍和不变的”，它所处理的是“（必然地）源出于第一原则，或源出于‘趋善避恶’这一法律律令的权利和义务”（参见《人与国家》第 97—98 页）。然而，尽管自然法是“自明的”（参见《人与国家》第 90 页），并与经验保持着一致性，而且为经验所证实（很多批评者已对这一点提出批评），但马里旦还是认为，自然法并不建立在人性的基础之上。自然法根植于上帝理性和超验秩序（亦即永恒法），并通过上帝而“镌刻”到人性之上。有时，马里旦似乎认为自然法完全是因为它与永恒法的关系才拥有义务性的；他写道，“自然法之所以是法，完全是因为它分有永恒法”（参见《人与国家》第 96 页）（所以，有些人得出结论认为，这样一种理论在最终意义上必然是一种神学理论）。

万民法或文明世界的普遍法是自然法在社会生活环境下的一种扩展，并因此涉及作为社会存在者的人（亦即作为公民或作为家庭成员之一的人)。实在法是由诸多规则和规范构成的一个体系，旨在保障某个特定社会的普遍秩序。随着该共同体的社会和经济的发展以及该共同体中的个人活动的变化，实在法也随之变化。然而，实在法和万民法都不是完全从自然法那里演绎出来的。它们都不是以同源性的方式被认识的，所以不是自然法的一部分。然而，正是基于它们与自然法的关系，而使得它们“拥有法的力量并将其自身加诸良心之上”(《人权与自然法》第 90—91 页)。当一项实在法违背自然法的时候，严格来讲，它便不再是法。由此，马里旦显然反对法律实证主义。

“自然法”这个术语以及它与永恒法和实在法的关系，成为人们诸多争论的焦点。马里旦对于自然法的阐述既预设了一种形而上学的人性观，也预设了一种实在论的认识论，所以有很多张力与不一致内在于其中。对于马里旦的阐释的主要批评包括以下三点:(1)它之所以是不一致的，是因为在有关何谓善、何谓恶的问题上，他提出了一种自然主义的理论，并且认为只有一种超自然的制裁才能够被用来解释道德义务;(2)同源性的知识不仅不适合于被称为我们通常所谓的知识，而且事实上它也没有能力确立起一种自然的道德法则;(3)道德法则的第一原则是空洞的;(4)马里旦掩盖并回避了事实和价值之间的区分。

马里旦认为自然法理论必然包含对于人权的阐述。因为每一个人的自然目的在于达致道德上的和精神上的完善，所以必须通过某些手段来达致这一点，也就是说，人们需要某些被称为“自然的”权利来达致这一点，因为这些权利服务于他或她本性的完善。这非常吻合亚里士多德—托马斯主义的正义原则:亦即我们应当给予每一个人“真正属于他或她自己的东西”。有些批评者认为，因为这些权利并没有得到普遍的认可，所以并不存在这样一些权利，马里旦则提醒他的读者，正如自然法是在时间的流变过程中逐渐为人们所认识的，所以对于这些权利的认可也需要一个渐进的过程。事实上，马里旦认为，即便人们在“基本自然权利的基础”这一问题上没有达成一致看法，但人们仍旧会承认存在这样一些基本的自然权利，比如他指出，在1948年的《世界人权宣言》中就可以看到，人们对于这样一些权利是有一致看法的。

马里旦认为自然权利是根本性的和不可剥夺的，并且在本性上是先于社会也高于社会的。同时，这些权利不应被理解为是在一种时间意义上的“优先”，再者，它们也并不构成国家和国家法的基础。权利根植于自然法，并与共同善联系在一起。正是这种共同善，而不是个人权利，才是国家的基础，正是基于这一点，马里旦才认为在这些权利之间可能会存在一种等级式的秩序（《人与国家》第106—107页）。

他的自然法和自然权利理论所导致的一个结果就是，马里旦赞成一种民主式的和自由主义的国家观，并提倡一种既是人格主义的多元主义，而且也为基督教所影响的政治社会。他认为，统治的权威源于人民——因为人民拥有统治其自身的自然权利。同时，马里旦亦认为，这一点是与基督教的立场相吻合的。民主的理念就其本身来讲，就是由“对于上帝统治的信仰”所激发出来的，同时，所有权威的首要渊源都是上帝（《人与国家》，第127页）。

马里旦还赞扬其他一系列自由主义理想，他所罗列的权利清单远远超出在很多自由主义理论家那里所发现的权利清单，包括诸如劳动者的权利、个人的权利及公民的权利。

此外，国家中的自由这个理念非常类似于现在通常所谓的“积极自由”——这个理念所反映的是某种有关人的观念，也就是说这个人是一个分享着共同善的人。一个政治体旨在为“人的实现”提供条件，这个人是一个作为个体的人，并因此是一个世俗共同体的成员，所以它会要求个人对于好的东西的使用必须服务于所有人的善(《整体人本主义》第 184 页)，并且会要求个人必须服务于共同体。此外，在这样一个国家中，政治领袖将不仅仅只是人民的一个代言人(《人与国家》第 140 页)，马里旦承认，政治领袖代表着人民的“隐秘意志”。他们的目的——亦即整个国家的目的——通常来讲便是共同善。因为少数族群本身也可以反映这种“隐秘意志”，所以马里旦也承认，这些持异议的少数族群也扮演着非常重要的角色。

这个“基督教”式的政治体如何可能会得到实现，对于这个问题，马里旦并没有予以详细的讨论。他只是认为这样一种政治体是唯一认可每一个人的精神价值，并承认为其提供成长条件是极为重要的一种政治体。它承认宗教良知是有差异的，所以在这个意义上，它在根本上是一个多元主义的政治体。

在这样一个理想的政治体中，马里旦设想领导角色将由诸多“公民团体”分别予以扮演，它们建立在自由的基础之上，由基督教的德性所激发，反映了一种道德的和精神的素养，而它们在根本意义上是民主式的。尽管这样一些团体并不必然履行政治权力，但作为一个整体的社会却反映了基督教的价值——不仅仅是因为这些价值是一种拥有特权的宗教或信仰的一部分(对此，马里旦是极为谨慎的)，而且还是因为这些价值对于世俗共同体来讲是必不可少的。当然，在这样一个政治体中，人们可能会发现有两个实体，一个是教会，一个是国家，马里旦把它们两者看成是两个相互合作的实体，让国家去处理人们的需求，亦即专注于那些世俗性的事物，而让教会专注于那些精神性的事物。

或许，在目前这样一个各个国家都有其各自理想的多元国家体系中，某个具体的民族国家都不可能是这样一个政治体，所以，马里旦支持一种由各个政治社会联合而成的世界联邦理想。尽管这样一个理想的实现是一个遥远未来的事情，但马里旦仍然认为，只要单个的国家仍保有一定程度的自主性，而且在每个国家中都可以找到这样一些自愿将他们自己与其祖国的特定利益分割开来的人，这样一个世界联邦就是可能的。

3.6　美学与艺术哲学

马里旦对于艺术以及艺术作品拥有持久的兴趣。从他最早的一部著作《艺术与经院主义》(1920)，到他与作家柯克托(Jean Cocteau)、画家鲁奥(Georges Rouault)之间的通信(《艺术和信仰：马里旦与柯克托通信集》)，再到《艺术与诗》(1935)、《诗的处境》(1938)、《艺术和诗中的创造性直觉》(1953)、《艺术家的责任》(1960)，人们会发现他对于该主题长期且持续的关注。这没有什么可惊讶的。因为马里旦的妻子——蕾伊莎——就是一名诗人，并且他的朋友和熟人中就包括艺术家夏加尔(Marc Changall)和鲁奥，作家贝尔纳诺斯(Georges Bernanos)、柯克托和格林(Julien Green)，以及作曲家洛里(Arthur Lourie)。

马里旦著作的关注点并不是美学理论甚或美学经验，而是艺术和美的本性。马里旦试图理解现代艺术作品的世界，但他同时也对潜藏在其中的美学提出了批评。他在这样一个对艺术原理的讨论已多少变得有些可疑的时代，试图挖掘这些原理。他对于艺术作品的熟悉程度，使他的作品得到了那些创作艺术作品的人的认可和理解。尽管他的早期著作源于他所拥有的有关西方艺术的知识，但在他的后期作品中，他也撰写一些同时也出现在亚洲文化和印第安文化中的东西。

马里旦的艺术探讨的其中一个非常突出的特点就是他对于何谓艺术的阐述。在马里旦看来，艺术就是“一种其目的在于制造的实践理智德性”（《艺术与经院主义》第 13 页；《创造性直觉》第 49 页）。所以，它是一种既可以在手艺人那里也可以在艺术家那里找到的德性。马里旦继续写道，技艺的德性或“习性”（habitus）不仅仅是一种“自发生命的内在生长”，而且还拥有一种理智属性，并包含着教化和实践。作为实践理智的独有特征，技艺不是一种思辨性的或理论性的活动，它并不旨在认识，而是旨在“做”（doing）。最后，马里旦还写道，技艺所追求的“制造”是某种为该活动本身所要求的东西，而不是艺术家本人的某种特殊的兴趣。

在马里旦看来，将好的艺术作品与手艺人的作品区分开来的东西是，好的艺术作品所关涉的主要是美——亦即“那个可带来愉悦的东西”（《艺术与经院主义》第 13 页；《创造性直觉》第 49 页）。这一古典的视角——阿奎那所抱持的也是这个观点——与 18 世纪以来美学和艺术中的某些主要思潮是背道而驰的。马里旦坚称，他所抱持的有关美在艺术中的位置的观点更符合艺术活动的本性。尽管一件艺术作品是目的本身，但艺术的一般目的则是美。由此，因为艺术是一种旨在“制造”的德性，所以成为一名艺术家要求他制作美好的东西(《艺术与经院主义》第33页)。

美既可以在艺术中找到，也可以在自然中找到。尽管美是通过感官而影响人的，并且尽管对于美的意识并不(像各门科学中的知识一样)需要抽象，但美却是理智的一个对象。与阿奎那的看法一样，马里旦也认为美使“知性感到愉悦”；对于观看者来讲，对于艺术的理解和把握包含着对于理智的启迪。

艺术既有主观的一面，也有客观的一面。艺术的创作活动显然是由一个主体实施的一种活动。此外，马里旦还承认，“美”是类比性的，恰如“善”是类比性的一样；恰如每一件东西都以专属于它自己的方式而是善的一样，每一件东西也以专属于它自己的方式而是美的。此外，美不是某种纯粹主观性的或相对的东西。美——以及更为广泛的艺术——是某种包含整体性、均衡性、宏伟性以及清晰性的东西，而所有这些都是一些客观的属性。更为宽泛地讲，艺术拥有一种与世界的关系；它是一种对于世界的回应，但是它的表现形式同时也受到世界以及作品本身的限制(同时，艺术家的抱负和姿态也应考虑其中)。最后，美和艺术还与精神活动和精神性经验有着某种联系(《创造性直觉》第178页)。作为一种创造性的活动，它在最终意义上依赖于创造者(马里旦说这是“注定的”)，并因此与上帝以及良善性、真理和统一性这样一些超越之物勾连在一起。

马里旦的艺术观的第二个关键性特征在于，他是在与自由的关系中来讨论艺术的；在这里，他的观点不仅反映了他的形而上

学，而且也影响到了他的政治哲学。在马里旦看来，艺术活动是存在于人身上的旨在“创造”和“制造”的基本冲动。它要求自由，所以艺术家必须是自由的。在马里旦看来，自由是人的一种基本属性。但是这种自由不是绝对的。马里旦提醒他的读者，自由不是一张可做任何事情的通行证。就自由的所有形式而言，自由在最终意义上隶属于真理，并且对于艺术家来讲，自由同时还隶属于“精湛作品的精神状态”(《艺术与经院主义》第 4 页)。马里旦可能会说，艺术活动类似于上帝的自由创造活动；“对于上帝活动的最高程度的自然模仿”(《艺术和信仰》第 89 页)。

尽管马里旦反对艺术家屈服于政治或屈服于宗教权威，但他同时也反对艺术家只对他们自己负责。他写道，创造性的自我“为留存在其作品中而牺牲他自己”(《创造性直觉》第 144 页)。此外，马里旦还写道，艺术使艺术家变得完善；通过参与这种活动，“精神得以被完善”(《艺术与经院主义》第 62 页)。马里旦归之于艺术家的那种自由并不是一种任意的自由。

马里旦艺术哲学的第三个特征是他对于艺术知识(有时他也将其称为“诗性”知识)的阐述。马里旦指出，对于自我意识的关注从德国浪漫派开始就是艺术的核心特征，并且认为其价值就在于它是对于那种强调理性和机械技术的东西的批判。艺术知识就是马里旦所谓的通过“同源性”而获得的知识的其中一个例子；这是一种创造性的直觉，它源于“精神的自由创造”(《创造性直觉》第 112 页，《自然法》第 18 页)。马里旦同时还把它描述成是“诗人为了进行创造而对于他自己的主体性的把握”(《创造性直觉》第 113 页)。马里旦将此种知识放置在“前意识的理智”这个层面之上。

他是非一概念性的、非一理性的和模糊的(《创造性直觉》第 18 页，《自然法》第 18 页)。与很多其他知识一样，它不是一种有关本质的知识。然而，它仍然与“理智活动”联系在一起。它是一种有关实在——亦即“具体的实在”——的知识，尽管它“趋向于并延伸至无限的领域”(《创造性直觉》第 126 页)。这类知识不仅是艺术活动的基础，而且也是道德经验和神秘经验的基础。

马里旦有关艺术的看法不仅对他的对话者产生了非常大的影响，而且也对他那个时代的很多艺术家、作家和作曲家产生了非常大的影响。美国作家奥康纳(Flannery O'Connor)把《艺术与经院主义》一书看成是她在美学方面的一本“启蒙读物”[《存在的习性》(*The Habit of Being*)第 216 页]。尽管在当代美学的论争中，马里旦的观点显然已经不再占据核心位置，但他的观点仍旧拥有广泛的读者。

4. 基本评价

在他去世的那个年代，马里旦无疑是最著名的天主教哲学家。他的哲学著作所涉之广度、在天主教教会的社会哲学中的影响以及对于人权的辩护都使他成为他那个时代的一位备受关注的思想家。

马里旦的哲学著作已被翻译成差不多二十种语言的版本。正如前文评述所指出的那样，他的著作囊括一个非常大的领域——尽管他的很多著作是写给普遍大众的，而不是写给职业学术圈的。同样地，马里旦的某些著作是论辩性的，因为他的主要关切(特别是在哲学史方面)是为了应对他那个时代一些具体的哲学和神学问题，所以现在看起来，这些问题多少有点过时。

马里旦所留下的最珍贵的遗产无疑是他的道德哲学和政治哲学，他有关人权的论述不仅可以在《世界人权宣言》(1948)中看到其影响，而且在诸多国家的宣言中也可以看到其影响，比如在加拿大的《权利和自由宪章》以及《法兰西第四共和国宪法》的序言中。后者似乎是马里旦与法国抗战英雄，即后来的总统戴高乐将军之间的长期通信的一种反映。马里旦的基督教的人本主义和人格主义同时也对教皇保罗六世的社会通谕以及教皇约翰·保罗二世的思想产生了极大的影响。有意思的是，从“冷战”结束之后，马里旦的政治观念在中欧和东欧又有复兴之势。

马里旦的思想还在另外两个领域产生了比较大的影响，那就是他的美学和教育哲学。尽管在这两个领域，其影响力不再有之前那样大，但在拉丁美洲和法语区的非洲，从 20 世纪 30 年代开始一直到现在，就一直有着极大的影响。马里旦在认识论方面的著作，尽管对于他的政治思想、宗教思想乃至对于他的美学来讲具有根本性意义，但却尚未拥有其理应拥有的影响力。

简言之，界定马里旦的著作在 20 世纪哲学史中的位置并不容易。因为很显然，在那些托马斯主义哲学占据显赫地位的国家，他的影响是非常巨大的。尽管他的政治哲学，至少在他那个时代，使他被看成是一名自由主义者，甚至是一名社会民主主义者，但是他有意地避开了社会主义，并且在《加龙河的农人》中，他是由第二次梵蒂冈会议引发的诸多宗教改革的最早的批评者之一。所以，我们可以说，在现在的自由主义者看来，他或许太过保守，而在现在的诸多保守主义者看来，他则太过自由。此外，尽管他通常被看成是一名托马斯主义者，但是，他在多大程度上是一名托马斯主义者仍然是一个问题。事实上，根据吉尔松（Etienne Gilson）的说法，马里旦的“托马斯主义”实际上只是认识论上的托马斯主义，而在其他方面则并不如此，所以，他的托马斯主义并不是一种真正的托马斯主义。因此，对于马里旦哲学的确切特征，并没有一种被普遍接受的看法，对此，我们不应感到奇怪。

即便如此，马里旦的作品仍具有很大的影响力。从 1958 年开始，在美国的圣母大学就创建了一个马里旦研究中心，还有一些杂志则专门是以研究他为主题的，比如《马里旦研究》（*Études maritainiennes/Maritain Studies*）、《评注和文档》《雅克·马里旦与蕾伊莎·马里旦》（*Cahiers Jacques et Raïssa Maritain*），目前还有近二十个国际组织会定期地聚会以研讨他的思想，此外还有国际马里旦中心（Institut International Jacques Maritain）。英语世界对于他的著作的持久兴趣促使圣母大学决议出版一套英文版的《马里旦著作全集》。

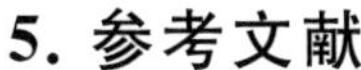

5. 参考文献

一、马里旦的著作

法语版的马里旦著作集共 16 卷[*Oeuvres complètes de Jacques et Raïssa Maritain*, 16 vols., Fribourg(Switzerland): Éditions universitaires, 1986-2000.]，第 14 和 15 卷收录了蕾伊莎·马里旦的著作，第 16 卷则收录了一些之前未出版的著作。英文版《马里旦著作全集》计划 20 卷[由拉尔夫·麦金纳尼(Ralf McInerny)担任主编]，目前正由圣母大学出版社陆续发行出版。马里旦主要著作的概览可在维尔托（Piero Viotto）的《马里旦》（*Jacques Maritain: Dizionario delle Opere*）一书中找到。

马里旦的主要著作按照时间先后次序依次排列如下：

1. *La Philosophie bergsonienne: études critiques*. Marcel Rivière et Cie., 1914. [*Bergsonian Philosophy and Thomism*. New York: Philosophical Library, 1955.]

2. *Art et scolastique*. Librairie de l'Art Catholique, 1920. (The 1927 edition contains "Frontières de la poésie" and important notes.) [*Art and Scholasticism and The Frontiers of Poetry*. Tr. Joseph W. Evans. New York: Charles Scribner's Sons, 1962.]

3. *Éléments de Philosophie I: Introduction générale à la philosophie*. Téqui, 1920. [*An Introduction to Philosophy*. Tr. E. I. Watkin. London: Sheed and Ward, 1944.]

4. *Théonas ou les entretiens d'un sage et deux philosophes sur diverses matières inégalement actuelles*. First publication in the *Revue Universelle*, April 1920 to April 1921, 1st edition, Nouvelle Librairie Nationale, 1921; 2nd edition, corrected, 1925. [*Theonas: Conversations of a Sage*. Tr. F. J. Sheed. London: Sheed and Ward, 1933.] *Antimoderne*. Éditions de la Revue des Jeunes, 1922.

5. *De la vie d'oraison*. 1st edition privately printed, Saint-Maurice d'Augaune, 1922; 2nd edition revised, l'Art Catholique, 1925. [with Raïssa Maritain] [*Prayer and Intelligence*. New York: P. J. Kennedy, 1928.]

6. *Éléments de philosophie II: L'ordre des concepts, I - Petite logique (Logique formelle)*. Téqui, 1923. [*An Introduction to Logic*. New York: Sheed and Ward, 1937; *Formal Logic*. New York: Sheed and Ward, 1937.]

7. *Réflexions sur l'intelligence et sur sa vie propre*. Bibliothèque franïais de philosophie, Nouvelle Librairie Nationale, 1924, 1926, 1930; Desclée, 1938.

8. *Trois Réformateurs: Luther, Descartes, Rousseau*. Librairie Plon, 1925. [*Three Reformers: Luther, Descartes, Rousseau*. New York: Charles Scribner's Sons, 1929.]

9. *Georges Rouault, peintre et lithographe*. Éditions Polyglotte, Frapier, 1926. [*Georges Rouault*. New York: Harry N. Abrams, Inc., in association with Pocket Books, Inc., 1954.]

10. *Reponse à Jean Cocteau*. Librairie Stock, 1926.[*Art and Faith*: *Letters between Jacques Maritain and Jean Cocteau*. New York: Philosophical Library, 1948.]

11. *Une opinion sur Charles Maurras et le devoir des catholiques*. Plon, 1926.

12. *Primauté du spirituel*. Plon, 1927. [*The Things That Are Not Caesar's*. Tr. J.F. Scanlan. New York: Charles Scribner's Sons, 1930.]

13. *Quelques pages sur Léon Bloy*. *Cahiers de la Quinzaine*, 10e de la 18 serie, á l'Action du Livre, 1927.

14. *Clairvoyance de Rome par les auteurs du 'Pourquoi Rome a parlé.'* (*J. Maritain et D. Lallement*), Ed. Spes, 1929.

15. *Le Docteur angelique*. Desclée de Brouwer, 1930. [*St. Thomas Aquinas*. Tr. F. J. Scanlan, London: Sheed and Ward, 1931; Tr. revised Peter O'Reilly and Joseph W. Evans. New York: Meridian Books, 1958.]

16. *Religion et culture. dition originale*: *premier numéro de la collection des questions disputées*. Desclée de Brouwer, 1930. 2nd edition, with a preface, 1946. [*Religion and Culture*. London: Sheed and Ward, 1931.]

17. *Distinguer pour unir*: *ou*, *les degrès du savoir*. Desclée de Brouwer, 1932. [*Distinguish to Unite*: *or*, *The Degrees of Knowledge*. Tr. under the supervision of G. B. Phelan. New York: Charles Scribner's Sons, 1959.]

18. *Le songe de Descartes*. Correa, 1932. [*The Dream of Descartes*. Tr. Mabelle L. Andison, New York: Philosophical Library, 1944.]

19. *Du regime temporel et de la liberté*. Desclée de Brouwer, 1933. [*Freedom in the Modern World*. Tr. Richard O'Sullivan. London: Sheed & Ward, 1935.]

20. *De la philosophie chrétienne*. ["Questions disputées", Vol. IX], Desclée de Brouwer, 1933. [*An Essay on Christian Philosophy*. Tr. Edward H. Flannery. New York, Philosophical Library, 1955.]

21. *Sept leçons sur l'être et les premiers principes de la raison spéculative*.

Téqui, 1934. [*A Preface to Metaphysics: Seven Lectures on Being*. New York and London: Sheed and Ward, 1939.]

22. *Frontières de la poésie*. Louis Rouart et Fils, 1935. [*Art and Poetry*. Tr. E. de P. Matthews. New York: Philosophical Library, 1943.]
23. *Science et sagesse, suivi d'éclaircissements sur ses frontières et son objet*. "Cours et documents de Philosophie". Téqui, 1935. [*Science and Wisdom*. New York: Charles Scribner's Sons, 1940.]
24. *Lettre sur l'indépendance*. Desclée de Brouwer, 1935.
25. *La philosophie de la nature, essai critique sur ses frontières et son objet*. Téqui, 1935. [*Philosophy of Nature*. Tr. Imelda C. Byrne. New York: Philosophical Library, 1951]
26. *Humanisme intégral: problemes temporels et spirituals d'une nouvelle chrétienté*. Fernand Aubier, 1936. [Two translations: *True humanism*. Tr. M.R. Adamson. London: Bles, 1938; *Integral Humanism: Temporal and Spiritual Problems of a New Christendom*. Tr. Joseph W. Evans New York: Charles Scribner's Sons, 1968.]
27. *Situation de la poésie*. Desclée de Brouwer, 1938. [with Raïssa Maritain] [*The Situation of Poetry*. Tr. Marshall Suther. New York: Philosophical Library, 1955.]
28. *Les Juifs parmi les nations*. Éditions du Cerf, 1938. [*A Christian Look at the Jewish Question*. New York: Longmans, Green, 1939.]
29. *Questions de conscience*. ["Questions disputées", Vol. XXI] 2nd edition. Desclée de Brouwer, 1938.
30. *Quatre essais sur l'esprit dans sa condition charnelle*. Bibliothèque franïais de philosophie, Desclée de Brouwer, 1939. Nouvelle Édition revue, Alsatia, 1956.
31. *Antisemitism*. London, G. Bles, 1939.
32. *De la justice politique, notes sur la presente guerre*. Collection "Presences", Plon, 1940.
33. *Scholasticism and Politics*. New York: The Macmillan Company, 1940. [with Mortimer Jerome Adler]
34. *A travers le désastre*. New York: Éditions de la Maison franïaise, 1941.

[*France, My Country, Through the Disaster*. New York: Longmans, Green, 1941.]

35. *La pensée de Saint Paul, textes choisis et présentés*. New York: Éditions de la Maison française, 1941. [*The Living Thoughts of Saint Paul*. Tr. Harry Lorin Binsse. New York: Longmans, Green, 1941.]
36. *Ransoming the Time*. New York: Scribner's, 1941. Tr. Harry Lorin Binsse. [A translation of essays written in French, but not collected in a single volume.]
37. *Confession de foi*. New York: Éditions de la Maison franïaise, 1941. [French translation of an essay published in *I Believe*. Ed. Clifton Fadiman. London: Allen and Unwin, 1940.]
38. *Le Crépuscule de la civilisation*. Montréal: Éditions de l'Arbre, 1941. [*The Twilight of Civilization*. London: Sheed and Ward, 1946.]
39. *Les droits de l'homme et la loi naturelle*. New York: Éditions de la Maison française, 1942. [*The Rights of Man and Natural Law*. Tr. Doris C. Anson. New York: Charles Scribner's Sons, 1943.]
40. *Saint Thomas and the Problem of Evil*. Tr. Mrs. Gordon Andison. Milwaukee: Marquette University Press, 1942.
41. *Christianisme et Démocratie*. New York: Éditions de la Maison française, 1943. [*Christianity and Democracy*. Tr. Doris C. Anson. New York: Charles Scribner's Sons, 1944.]
42. *Sort de l'homme*, Neuchâtel: Éditions de La Baconnière, 1943.
43. *Education at the Crossroads*. New Haven: Yale University Press, 1943. [*L'éducation à la croisée des chemins*. Egloff, 1947; republished, with additional material, as *Pour une philosophie de l'education*. Arthème Fayard, 1959. Nouvelle édition, 1969.]
44. *Principes d'une politique humaniste*. New York: Éditions de la maison française, 1944.
45. *A travers la victoire*. Hartmann, 1945.
46. *Messages 1941-1944*. New York: Éditions de la Maison franïaise; Hartmann, 1945.
47. *Pour la justice*. New York: Éditions de la Maison française, 1945.

48. *Court traité de l'existence et de l'existant*. Hartmann, 1947. [*Existence and the Existent*. Tr. Lewis Galantière and Gerald B. Phelan. New York: Pantheon Books, 1948.]

49. *La personne et le bien commun*. Desclée de Brouwer, 1947. [*The Person and the Common Good*. Tr. John J. Fitzgerald. New York: Charles Scribner's Sons, 1947.]

50. *De Bergson à Thomas d'Aquin, essais de métaphysique et de morale*. New York: Éditions de la Maison franïaise, 1944. Hartmann, 1947.

51. *Art and Faith*. New York, Philosophical Library, 1948. [see *Réponse a Jean Cocteau*, 1933.]

52. *Raison et raisons, essais détachés*. Egloff, 1948. [*The Range of Reason*. New York: Charles Scribner's Sons, 1952.]

53. *La signification de l'athéisme contemporain*. Collection "Courier de Iles". Desclée de Brouwer, 1949.

54. *Man's Destiny in Eternity*. Boston: Beacon Pr., 1949. [with Arthur H. Compton, Maude Boyden et al.]

55. *Etienne Gilson, philosophe de la chrétienté*. Cerf, 1949.

56. *Man and the State*. Chicago: University of Chicago Press, 1951. [*L'Homme et L'État*. Tr. into French by Robert and France Duval. Presses Universitaires de France, 1953.]

57. *Lettres inédites sur l'inquiétude moderne*. Éditions universelles, 1951. [with René Schwob]

58. *Neuf leçons sur les notions premières de la philosophie morale*. "Cours et documents de philosophie". Téqui, 1951. [*An Introduction to Basic Problems of Moral Philosophy*. Albany, NY: Magi Books, 1990.]

59. *Approches de Dieu*. Collection "Sagesse et cultures". Alsatia, 1953. [*Approaches to God*. New York: Harper and Brothers, 1954.]

60. *Creative Intuition in Art and Poetry*. New York: Pantheon Books, 1953. [*L'Intuition créatrice dans l'art et dans la poésie*. Desclée de Brouwer, 1966.]

61. *On the Philosophy of History*. New York: Charles Scribner's Sons, 1957. [*Pour une philosophie de l'histoire*. Tr. Mgr Charles Journet.

Éditions du Seuil, 1959.]

62. *Reflections on America*. New York: Charles Scribner's Sons, 1958. [*Réflexions sur l'Amérique*. Fayard, 1959.]

63. *Pour une philosophie de l'éducation*. Fayard, 1959.

64. *Liturgy and Contemplation*. London: G. Chapman, 1960. [with Raïssa Maritain]

65. *The Responsibility of the Artist*. New York: Charles Scribner's Sons, 1960. [*La responsabilité de l'artiste*. Tr. Georges and Christianne Brazzola, Fayard, 1961.]

66. *Le philosophe dans la cité*. Alsatia, 1960.

67. *La philosophie morale. I. Examen historique et critique des grands systemes*. Gallimard, Bibliothèque de Idées, 1960. [*Moral Philosophy*. Ed. Joseph W. Evans. London: G. Bles, 1964.]

68. *On the use of philosophy; three essays*. Princeton, NJ: Princeton University Press, 1961.

69. *The Education of Man*. Ed. Donald and Idella Gallagher. New York: Doubleday and Co., 1962.

70. *Dieu et la permission du mal*. Desclée de Brouwer, 1963. [*God and the Permission of Evil*. Milwaukee: The Bruce Publishing Co., 1966.]

71. *Carnet de notes*. Desclée de Brouwer, 1965. [*Notebooks*. Tr. Joseph W. Evans. Albany: Magi Books/ Notre Dame, IN: University of Notre Dame Press, 1984.]

72. *Le mystère d'Israël et autres essais*. Desclée de Brouwer, 1965.

73. *Le paysan de la Garonne: Une vieux laïc s'interroge à propos du temps présent*. Desclée de Brouwer, 1967. [*The Peasant of the Garonne: An Old Layman Questions Himself about the Present Time*. Tr. Micheal Cuddihy and Elizabeth Hughes. New York: Holt, Rinehart, and Winston, 1968.]

74. *De la grâce et de l'humanité de Jésus*. Bruges: Desclée de Brouwer, 1967. [*On the Grace and Humanity of Jesus*. Tr. Joseph W. Evans. New York: Herder and Herder, 1969.]

75. *De l'église du Christ, la personne de l'Église et son personnel*. Desclée de

Brouwer, 1970. [*On the Church of Christ: The Person of the Church and Her Personnel*. Tr. Joseph W. Evans. Notre Dame, IN: University of Notre Dame Press, 1973.]

76. *Approches sans entraves*. Librairie Arthème Fayard, 1973.
77. *Jacques Maritain, Emmanuel Mounier (1929-1939)*: [*Correspondance*]. Desclée de Brouwer, 1973.
78. *Une grande amitié: correspondance, 1926-1972 / Julien Green et Jacques Maritain*. Présentée et annotée par Jean-Pierre Piriou. Précédée de *Jacques Maritain vivant* de Julien Green. Plon, 1979. [*The Story of Two Souls: the Correspondence of Jacques Maritain and Julien Green*. Ed. Henry Bars and Eric Jourdan. Tr. with an introduction and revised notes by Bernard Doering. New York: Fordham University Press, 1988.]
79. *La loi naturelle ou loi non écrite: texte inédit, établi par Georges Brazzola*. Fribourg, Suisse: Éditions universitaires, 1986. [*Lectures on Natural Law*. Tr. William Sweet. In *The Collected Works of Jacques Maritain*, Vol. VI, Notre Dame, IN: University of Notre Dame Press, (forthcoming).]
80. *Exiles and Fugitives: the Letters of Jacques and Raïssa Maritain, Allen Tate, and Caroline Gordon*. Ed. John M. Dunaway. Baton Rouge: Louisiana State University Press, 1992.
81. *L'Europe et l'idée fédérale*: textes publiés par le Cercle d'études Jacques et Raïssa Maritain. Mame, 1993.
82. *Natural Law: Reflections on Theory and Practice* (ed. with Introductions and notes, by William Sweet), South Bend, IN: St. Augustine's Press [distributed by University of Chicago Press], 2001; Second printing, corrected, 2003.

二、二手文献

有关马里旦研究文献的最完整的目录可在阿拉德(Jean-Louis Allard)和吉尔曼(Pierre Germain)合编的著作《雅克·蕾伊沙·马里旦文献指南》(*Répertoire bibliographique sur la vie et l'oeuvre de Jacques et Raïssa Maritain*, Ottawa, 1994)中找到。

1. Allard, Jean-Louis. *L' éducation à la liberté ou la philosophie de l'éducation de Jacques Maritain*. Ottawa: Éditions de l'Université d'Ottawa, 1978.

2. Allard, Jean-Louis. *Education for Freedom: The Philosophy of Education of Jacques Maritain*. Notre Dame, IN: University of Notre Dame Press, 1982.

3. Allard, Jean-Louis. *Jacques Maritain, Philosophe dans la cité/ A Philosopher in the World*. Ottawa: University of Ottawa Press, 1985.

4. American Maritain Association. *Selected Papers from the Conference-Seminar on Jacques Maritain's The Degrees of Knowledge*. St. Louis, MO: American Maritain Association, 1981.

5. Barré, Jean-Luc. *Jacques et Raïssa Maritain, les Mendiants du Ciel*. Paris: Stock, 1996. [English translation: *Jacques & Raïssa Maritain: Beggars for Heaven*, tr. Bernard E. Doering, Notre Dame, IN: University of Notre Dame Press, 2005].

6. Bars, Henry. *Maritain en notre temps*. Paris: Bernard Grasset, 1959.

7. Boas, George. "Review of the Philosophy of Nature", *The Journal of Philosophy*, 49 (1952): 251-2.

8. Campana, Gilberto. "Un testo di Maritain su Spinoza", *Aquinas*, 45 (2002): 105-133.

9. Chenaux, Philippe. *Entre Maurras et Maritain, Une génération intellectuelle catholique (1920-1930)*. Paris: Cerf, 1999.

10. Croteau, Jacques. *Les fondements thomistes du personnalisme de Maritain*. Ottawa: Éditions de l'Université d'Ottawa, 1950.

11. Daly, Mary F. *Natural Knowledge of God in the Philosophy of Jacques Maritain*. Rome: Officium Libri Catholici-Catholic Book Agency, 1966.

12. Daujat, Jean. *Maritain: Un maître pour notre temps*. Paris: Téqui, 1978.

13. Delfino, Robert A. "Mystical Theology in Aquinas and Maritain" in *Jacques Maritain and the Many Ways of Knowing*, (ed. Douglas A. Ollivant) Washington DC: Catholic University of America Press, 2002, pp. 253-268.

14. Dennehy, Raymond. "Maritain's Reply to Gilson's Rejection of Critical Realism" in *A Thomistic Tapestry: Essays in Memory of Etienne Gilson*, (ed. Peter A. Redpath), New York: Rodopi, 2003, pp. 57-80.
15. Di Joseph, John. *Jacques Maritain and the Moral Foundation of Democracy*. Lanham, MD: Rowman & Littlefield, 1996.
16. Doering, Bernard. *Jacques Maritain and the French Catholic Intellectuals*. Notre Dame, IN: University of Notre Dame Press, 1983.
17. Dougherty, Jude P. *Jacques Maritain: An Intellectual Profile*. Washington DC, Catholic University of America Press, 2003.
18. D'Souza, Mario O. "Intellectual Unity, Intellectual Virtues, and Intellectual Culture", *Maritain Studies-Etudes Maritainiennes* 16 (2000): 59-70.

19. Dunaway, John M. *Jacques Maritain*. Boston: Twayne Publishers, 1978.
20. Eco, Umberto. *Storiografia Medievale ed Estetica Teorica Appunti Metodologici su Jacques Maritain*. Turin: Edizioni di "Filosofia", 1961.
21. Evans, Joseph W. *Jacques Maritain (1882-1973): A Biographical Memoir*. Washington DC: National Academy of Education, 1973.

22. Evans, Joseph W., ed. *Jacques Maritain: The Man and His Achievement*. New York: Sheed and Ward, 1963.
23. Fallon, Robert. "Composing Subjectivity: Maritain's Poetic Knowledge in Stravinsky and Messiaen", *Jacques Maritain and the Many Ways of Knowing*, (ed. Douglas A. Ollivant) Washington DC: Catholic University of America Press, 2002, pp. 284-302.
24. Fecher, Charles A. *The Philosophy of Jacques Maritain*. Westminster, MD: Newman Press, 1953.
25. Fitzgerald, Desmond J. "Maritain and Gilson on Painting". in *Beauty, Art, and the Polis*, (ed. Alice Ramos) Washington DC: Catholic University of America Press, 2000, pp. 190-199.
26. Floucat, Yves. *Pour une philosophie chrétienne: éléments d'un débat fondamental*. Paris: Téqui, 1983.
27. Gallagher, Donald and Idella. *The Achievement of Jacques and Raissa Maritain: A Bibliography*. New York: Doubleday and Co., 1962.

28. Hubert, Bernard and Yves Floucat, eds. *Jacques Maritain et ses contemporains*. Paris: Desclée, 1991.

29. Hudson, Deal W. and Matthew J. Mancini, eds. *Understanding Maritain: Philosopher and Friend*. Macon, GA: Mercer Univ. Press, 1987.

30. Institut International Jacques Maritain. International Jacques Maritain Institute. *Droits des peuples, Droits de l'homme*. Paris: Éditions du Centurion, 1984.

31. Jimenez Berguecio, Julio, S.J. *La ortodoxia de Jacques Maritain, ante un ataque recente*. Talca, Chile: Libreria Cervantes, 1948.

32. Jung, Hwa Yol. *The Foundation of Jacques Maritain's Political Philosophy*. Gainesville, FL: University of Florida Press, 1960.

33. Killoran, John. "Approaches to Wisdom: Newman and Maritain on the University", *Maritain Studies-Etudes Maritainiennes* 16 (2000).

34. Knasas, John F. X., ed. *Jacques Maritain: The Man and His Metaphysics*. [Volume IV of *Études maritainiennes/Maritain Studies*.] Mishawaka, IN: American Maritain Association, 1988.

35. Mathias, R. "Exploring the New Classicism: Reflections on Stravinsky and Maritain c. 1920-1940", *Maritain Studies-Etudes Maritainiennes* 17 (2001): 79-86.

36. McCool, Gerald A. *Nineteenth-Century Scholasticism: The Search for a Unitary Method*. New York: Fordham University Press, 1989.

37. McInerny, Ralph. *Art and Prudence: Studies in the Thought of Jacques Maritain*. Notre Dame, IN: University of Notre Dame Press, 1988.

38. McInerny, Ralph. *The Very Rich Hours of Jacques Maritain*. Notre Dame, IN: University of Notre Dame Press, 2003.

39. Michener, Norah Willis. *Maritain on the Nature of Man in a Christian Democracy*. Hull, Canada: Éditions "L'Eclair", 1955.

40. Minkiel, Stephen J., C.M., ed. *Jacques Maritain: The Man for Our Times*. Erie, PA: Gannon University Press, 1981.

41. National Academy of Education. *Proceedings of the National Academy of Education*. "Jacques Maritain, A Biographical Memoir", Joseph W.

Evans. Washington DC: National Academy of Education, 1978, pp. 92-127.

42. Nielsen, Kai. "An Examination of the Thomistic Theory of Natural [Moral] Law". In *Natural Law Forum* 4 (1959), 44-71. Reprinted in his *God and the Grounding of Morality*. Ottawa, University of Ottawa Press, 1991, ch. 3, pp. 41-68.
43. Nottingham, William J. *Christian Faith and Secular Action: An Introduction to the Life and Thought of Jacques Maritain*. St. Louis, MO: The Bethany Press, 1968.
44. Ollivant, Douglas A. (ed). *Jacques Maritain and the Many Ways of Knowing*. Washington DC: Catholic University of America Press, 2002.
45. Papini, Roberto, ed. *L'Apporto del Personalismo alla Costruzione dell'Europa*. Milan: Massimo, 1981.

46. Papini, Roberto, ed. *Jacques Maritain e la Società Contemporanea*. Milan: Massimo, 1978.
47. Possenti, Vittorio. *Una Filosofia per la Transizione*. Milan: Massimo, 1984.

48. Possenti, Vittorio, ed. *Jacques Maritain: Oggi*. Milan: Vita e Pensiero, 1983.
49. Possenti, Vittorio, ed. *Maritain e Marx*. Milan: Massimo, 1978.
50. Possenti, Vittorio. "Philosophie du droit et loi naturelle selon Jacques Maritain". In *Jacques Maritain: philosophe dans la cité / a philosopher in the world*. Ed. Jean-Louis Allard. Ottawa: University of Ottawa Press, 1985, pp. 313-326.
51. Possenti Ghiglia, Nora. *I tre Maritain. La presenza di Vera nel mondo di Jacques e Raïssa*. Milano: Àncora, 2000 [French translation: *Les trois Maritain: La présence de Véra dans le monde de Jacques et Raïssa*. tr. René Mougel and Dominique Mougel. Parole et Silence, 2006.
52. Prouvost, Géry. *Catholicité de l'intelligence métaphysique: La philosophie dans la foi selon Jacques Maritain*. Paris: Pierre Téqui, 1991.
53. Prouvost, Géry. *Étienne Gilson-Jacques Maritain: Correspondance*

1923-1971. Paris: Librairie Philosophique J. Vrin, 1991.

54. Ramsey, Paul. *Nine Modern Moralists*. Englewood Cliffs, NJ: Prentice-Hall, 1962.

55. Redpath, Peter A., ed. *From Twilight to Dawn: The Cultural Vision of Jacques Maritain*. Mishawaka, IN: American Maritain Association, 1990.

56. Schmitz, Kenneth L. "Jacques Maritain and Karol Wojtyla: Approaches to Modernity", in *The Bases of Ethics*, (ed. William Sweet), Milwaukee, Marquette University Press, 2000.

57. Schultz, Walter James. "The Eclipse of the Person in Postmodern Iconography", *Maritain Studies-Etudes Maritainiennes*, 17 (2001): 87-102.

58. Sweet, William. "Jacques Maritain and Freedom of Conscience", *Journal of Dharma*, 31 (2006): 29-43.

59. Torre, Michael D., ed. *Freedom in the Modern World: Jacques Maritain, Yves R. Simon, Mortimer J. Adler*. Mishawaka, IN: American Maritain Association, 1990.

译 后 记

对于致力于学问的学者，我们大致可以将其分为两个有着不同学问倾向和学问气质的类别。一类学者更偏于“知识”，寻求知性上的满足，对于固有的问题，予以细致地分析、辨别、把握和推进。而另一类学者则更偏于“精神”，他们往往试图在学问中寻找生命的意义，为其自身之生存提供合理的理据。马里旦就是后面这样一类思想家。他的一生充满了传奇色彩，早年其与他后来的终身伴侣蕾伊莎因失望于法国精神生活的匮乏，而相约自杀。后来在柏格森哲学中找到了使其暂时放弃自杀的动力。再后来，又因为研读阿奎那，而转向托马斯主义，并在其余生，一直致力于重新阐释托马斯主义哲学，使之在新的时代焕发新的活力。从某种意义上来说，马里旦就是为了他的那些信条而活着的。他的思考和他的著述，无疑都是围绕着他所深信的那些东西而展开的。

就马里旦思考的力度、广度以及他的影响力而言，我们都不得不承认，他是二十世纪最重要的一位托马斯主义者。他的著述几乎涉及哲学上的所有领域，包括形而上学、认识论、自然哲学、道德哲学、政治哲学、法哲学、美学以及教育，他的这些著述也使得托马斯主义在当代世界获得了全新的表达。

本书作于20世纪40年代(1942年)，是马里旦最重要的几部政治哲学著作之一（另外还有《人与国家》《人与共同善》）。在这部书中，他既阐述了他的政治哲学的基本观念（第一部分），也阐述了这个观念在当代世界可能的表现形式（第二部分）。正如本书标题——《人权与自然法》——所显示的那样，他试图将一种古老的自然法观念与一种现代的权利观念结合起来，并试图予以“综合”。为了便于读者在阅读过程中的理解以及往后的讨论，或许在这里有必要指出在我看来须予以注意的几个核心要点，或许这也是马里旦政治哲学最重要的也是最富启发性的地方。

首先，马里旦有关自然法和有关人权的论述，在根本意义上都是以一个特定的“人”的观念为基础的。或者更准确地讲，马里旦的整个政治哲学都是以对于“person”的阐述为前提的。根据阿奎那的界定，所谓的“人”（person）就是一个“个别性”地存在着的独立的实体。马里旦在这里对阿奎那的这个概念予以了进一步的发挥，尤其是将之与个人（individual）区分开来。在马里旦看来，所谓的个人，在现代思想中，就是那个完全基于其自身之考虑从而体现某种自私性乃至肉体性欲求的人。马里旦通过区分“person”和“individual”，以及与之相应的“人格性”（personality）和“个体性”（individuality）而实现了这样一个对于人的基本界定：“person”首先是一个“独立”自存的“个体”，在这个意义上，任何集体都是不能将之磨灭掉或将之完全吸纳到它自身之中去的；其次，这个个体又必须与其他个体相互交流和相互沟通，从而形成各式各样的不同类型的共同体，也就是说，他在本性上又是趋向于与其他人的联合（社会性）。正是这两种在同一个实体中所表现出来的不同倾向，构成了他的整个政治哲学的基本框架。所以，马里旦的政治哲学

既拒斥以个人(individual)和个体性为基础的个人主义,又拒斥在其中丧失掉"个体"(person)的各种类型的集体主义(极权主义)。

第二,尽管马里旦是第二次世界大战后《国际人权宣言》的起草者之一,但是他有关权利的理解,也必须置于上面这个总体性和基础性的政治哲学理解的基础之上。就如同他的另一部重要的政治哲学著作《人与国家》对国家主权观念的批判一样,在《人权与自然法》一书中,他对于个人主权的观念也进行了同样的批判。在他看来,任何主张自己拥有绝对的至高性以及绝对的独立性而不与外界相交流的观念都是错误的,因为只有上帝才拥有如此这般的主权。因此,他有关权利的看法不是建立在以"个人"(individual)意志为基础的现代权利观念的基础上,而是建立在他自己的"person"(拥有人格的个体)的观念的基础之上的。因此,也正是在这个意义上,他提供了一套有着全新基础的权利论述,这既包括对于个人权利的论述,也包括对于在集体生活中必须给予其成员以某种特定之待遇的权利(诸如劳动权)的论述。

第三,基于以上两点之考虑,马里旦的自然法观念便也有了一个更充实的内容和意涵。就形式上看,尽管自然法是一种被给予的法则式的东西,并且似乎是以类似于"十诫"那样的律令的方式表现出来的,但是就其根本内容来讲,无非是以"person"为基础的,它着眼于人的完善以及着眼于共同善。所以在这个意义上,它与人的权利是相吻合的。也正是在这个意义上,亦即在他的所谓的人本主义的政治哲学或人格主义之中,发展出一套理解自然法和重述权利观念的理论。

当然,就马里旦的这本小册子来讲,因为篇幅的短小以及论述的精简，使得我们若想系统且深入地理解他的整个政治哲学，或许还需参照他的其他几部作品，尤其是《人与国家》和《人与共同善》。当然，他有关人本主义的核心论述《整体人本主义》（*Integral Humanism*）也是必不可少的。所以在这里，笔者也希望在不久的将来，能够继续把马里旦的其他政治哲学著作译出来呈现给读者。

吴彦

2018 年 11 月于牛津

图书在版编目(CIP)数据

人权与自然法/(法)雅克・马里旦著;吴彦译. —北京:商务印书馆,2024
(汉译世界学术名著丛书:120年纪念版:珍藏本:增订本)
ISBN 978-7-100-23763-5

Ⅰ.①人… Ⅱ.①雅…②吴… Ⅲ.①自然法学派—研究 Ⅳ.①D909.1

中国国家版本馆CIP数据核字(2024)第077011号

汉译世界学术名著丛书
(120年纪念版・珍藏本・增订本)
人权与自然法
〔法〕雅克・马里旦 著
吴彦 译

商 务 印 书 馆 出 版
(北京王府井大街36号 邮政编码100710)
商 务 印 书 馆 发 行
北京市十月印刷有限公司印刷
ISBN 978-7-100-23763-5

2024年5月第1版 开本710×1000 1/16
2024年5月北京第1次印刷 印张9½
定价:50.00元